海上絲綢之路基本文獻叢書

南船紀

〔明〕沈啓 撰

文物出版社

圖書在版編目（CIP）數據

南船紀 /（明）沈啓撰. -- 北京 : 文物出版社,
2022.7
（海上絲綢之路基本文獻叢書）
ISBN 978-7-5010-7625-3

Ⅰ. ①南… Ⅱ. ①沈… Ⅲ. ①造船工業－工業史－中國－明代 Ⅳ. ①F426.474

中國版本圖書館 CIP 數據核字 (2022) 第 086652 號

海上絲綢之路基本文獻叢書
南船紀

撰　　者：〔明〕沈啓
策　　劃：盛世博閲（北京）文化有限責任公司

封面設計：鞏榮彪
責任編輯：劉永海
責任印製：張道奇

出版發行：文物出版社
社　　址：北京市東城區東直門内北小街 2 號樓
郵　　編：100007
網　　址：http://www.wenwu.com
經　　銷：新華書店
印　　刷：北京旺都印務有限公司
開　　本：787mm×1092mm　1/16
印　　張：16.5
版　　次：2022 年 7 月第 1 版
印　　次：2022 年 7 月第 1 次印刷
書　　號：ISBN 978-7-5010-7625-3
定　　價：98.00 圓

總緒

海上絲綢之路，一般意義上是指從秦漢至鴉片戰争前中國與世界進行政治、經濟、文化交流的海上通道，主要分爲經由黄海、東海的海路最終抵達日本列島及朝鮮半島的東海航綫和以徐聞、合浦、廣州、泉州爲起點通往東南亞及印度洋地區的南海航綫。

在中國古代文獻中，最早、最詳細記載『海上絲綢之路』航綫的是東漢班固的《漢書·地理志》，詳細記載了西漢黄門譯長率領應募者入海『齎黄金雜繒而往』之事，書中所出現的地理記載與東南亞地區相關，并與實際的地理狀况基本相符。

東漢後，中國進入魏晋南北朝長達三百多年的分裂割據時期，絲路上的交往也走向低谷。這一時期的絲路交往，以法顯的西行最爲著名。法顯作爲從陸路西行到印度，再由海路回國的第一人，根據親身經歷所寫的《佛國記》（又稱《法顯傳》）一書，詳細介紹了古代中亞和印度、巴基斯坦、斯里蘭卡等地的歷史及風土人情，是瞭解和研究海陸絲綢之路的珍貴歷史資料。

隨着隋唐的統一，中國經濟重心的南移，中國與西方交通以海路爲主，海上絲綢之路進入大發展時期。廣州成爲唐朝最大的海外貿易中心，朝廷設立市舶司，專門管理海外貿易。唐代著名的地理學家賈耽（七三〇～八〇五年）的《皇華四達記》記載了從廣州通往阿拉伯地區的海上交通『廣州通夷道』，詳述了從廣州港出發，經越南、馬來半島、蘇門答臘半島至印度、錫蘭，直至波斯灣沿岸各國的航綫及沿途地區的方位、名稱、島礁、山川、民俗等。譯經大師義浄西行求法，將沿途見聞寫成著作《大唐西域求法高僧傳》，詳細記載了海上絲綢之路的發展變化，是我們瞭解絲綢之路不可多得的第一手資料。

宋代的造船技術和航海技術顯著提高，指南針廣泛應用於航海，中國商船的遠航能力大大提升。北宋徐兢的《宣和奉使高麗圖經》詳細記述了船舶製造、海洋地理和往來航綫，是研究宋代海外交通史、中朝友好關係史、中朝經濟文化交流史的重要文獻。南宋趙汝適《諸蕃志》記載，南海有五十三個國家和地區與南宋通商貿易，形成了通往日本、高麗、東南亞、印度、波斯、阿拉伯等地的『海上絲綢之路』。宋代爲了加强商貿往來，於北宋神宗元豐三年（一〇八〇年）頒佈了中國歷史上第一部海洋貿易管理條例《廣州市舶條法》，并稱爲宋代貿易管理的制度範本。

元朝在經濟上採用重商主義政策，鼓勵海外貿易，中國與歐洲的聯繫與交往非常頻繁，其中馬可·波羅、伊本·白圖泰等歐洲旅行家來到中國，留下了大量的旅行記，記録元代海上絲綢之路的盛况。元代的汪大淵兩次出海，撰寫出《島夷志略》一書，記録了二百多個國名和地名，其中不少首次見於中國著録，涉及的地理範圍東至菲律賓群島，西至非洲。這些都反映了元朝時中西經濟文化交流的豐富内容。

明、清政府先後多次實施海禁政策，海上絲綢之路的貿易逐漸衰落。但是從明永樂三年至明宣德八年的二十八年裏，鄭和率船隊七下西洋，先後到達的國家多達三十多個，在進行經貿交流的同時，也極大地促進了中外文化的交流，這些都詳見於《西洋蕃國志》《星槎勝覽》《瀛涯勝覽》等典籍中。

關於海上絲綢之路的文獻記述，除上述官員、學者、求法或傳教高僧以及旅行者的著作外，自《漢書》之後，歷代正史大都列有《地理志》《四夷傳》《西域傳》《外國傳》《蠻夷傳》《屬國傳》等篇章，加上唐宋以來衆多的典制類文獻、地方史志文獻，集中反映了歷代王朝對於周邊部族、政權以及西方世界的認識，都是關於海上絲綢之路的原始史料性文獻。

海上絲綢之路概念的形成，經歷了一個演變的過程。十九世紀七十年代德國地理學家費迪南・馮・李希霍芬（Ferdinad Von Richthofen，一八三三~一九〇五），在其《中國：親身旅行和研究成果》第三卷中首次把輸出中國絲綢的東西陸路稱爲『絲綢之路』。有『歐洲漢學泰斗』之稱的法國漢學家沙畹（Édouard Chavannes，一八六五~一九一八），在其一九〇三年著作的《西突厥史料》中提出『絲路有海陸兩道』，蘊涵了海上絲綢之路最初提法。迄今發現最早正式提出『海上絲綢之路』一詞的是日本考古學家三杉隆敏，他在一九六七年出版《中國瓷器之旅：探索海上的絲綢之路》中首次使用『海上絲綢之路』一詞；一九七九年三杉隆敏又出版了《海上絲綢之路》一書，其立意和出發點局限在東西方之間的陶瓷貿易與交流史。

二十世紀八十年代以來，在海外交通史研究中，『海上絲綢之路』一詞逐漸成爲中外學術界廣泛接受的概念。根據姚楠等人研究，饒宗頤先生是華人中最早提出『海上絲綢之路』的人，他的《海道之絲路與昆侖舶》正式提出『海上絲路』的稱謂。選堂先生評價海上絲綢之路是外交、貿易和文化交流作用的通道。此後，大陸學者馮蔚然在一九七八年編寫的《航運史話》中，使用『海上絲綢之路』一詞，這是迄今學界查到的中國大陸最早使用『海上絲綢之路』的人，更多地限於航海活動領域的考察。一九八〇年北京大學陳炎教授提出『海上絲綢之路』研究，并於一九八一年發表《略論海上絲綢之路》一文。他對海上絲綢之路的理解超越以往，且帶有濃厚的愛國主義思想。陳炎教授之後，從事研究海上絲綢之路的學者越來越多，尤其沿海港口城市向聯合國申請海上絲綢之路非物質文化遺産活動，將海上絲綢之路研究推向新高潮。另外，國家把建設『絲綢之路經濟帶』和『二十一世紀海上絲綢之路』作爲對外發展方針，將這一學術課題提升爲國家願景的高度，使海上絲綢之路形成超越學術進入政經層面的熱潮。

與海上絲綢之路學的萬千氣象相對應，海上絲綢之路文獻的整理工作仍顯滯後，遠遠跟不上突飛猛進的研究進展。二〇一八年厦門大學、中山大學等單位聯合發起『海上絲綢之路文獻集成』專案，尚在醞釀當中。我們不揣淺陋，深入調查，廣泛搜集，將有關海上絲綢之路的原始史料文獻和研究文獻，分爲風俗物産、雜史筆記、海防海事、典章檔案等六個類別，彙編成《海上絲綢之路歷史文化叢書》，於二〇二〇年影印出版。此輯面市以來，深受各大圖書館及相關研究者好評。爲讓更多的讀者親近古籍文獻，我們遴選出前編中的菁華，彙編成《海上絲綢之路基本文獻叢書》，以單行本影印出版，以饗讀者，以期爲讀者展現出一幅幅中外經濟文化交流的精美畫卷，爲海上絲綢之路的研究提供歷史借鑒，爲『二十一世紀海上絲綢之路』倡議構想的實踐做好歷史的詮釋和注脚，從而達到『以史爲鑒』『古爲今用』的目的。

凡例

一、本編注重史料的珍稀性，從《海上絲綢之路歷史文化叢書》中遴選出菁華，擬出版百册單行本。

二、本編所選之文獻，其編纂的年代下限至一九四九年。

三、本編排序無嚴格定式，所選之文獻篇幅以二百餘頁爲宜，以便讀者閱讀使用。

四、本編所選文獻，每種前皆注明版本、著者。

五、本編文獻皆爲影印，原始文本掃描之後經過修復處理，仍存原式，少數文獻由於原始底本欠佳，略有模糊之處，不影響閱讀使用。

六、本編原始底本非一時一地之出版物，原書裝幀、開本多有不同，本書彙編之後，統一爲十六開右翻本。

目録

南船紀

南船紀

四卷

〔明〕沈啓 撰

明嘉靖刻本

南船紀目録

南船紀目録終

南船紀卷之一

吴江沈啓子由著　八世孫守羲重鐫

黄船圖數之一

夫舟之制創於尚象成於共鼓以濟淵浸之不通而考其制刳木之外無聞焉禮曰天子造舟諸侯維舟大夫方舟釋文曰造者艁也於是天子之舟有制與等矣然秦漢以還無所徵信豈江淮非巡幸之地而從橋之議固萬世人臣事君之道歟矧詩曰造舟爲梁由今觀之梁固橋也不然則歷代之定鼎非西北之陸即東南之偏或無事於斯及也乎若其太液積翠之漫游青雀黄龍之流蕩規模弘麗雖間有之義可

略也唯我

聖祖建都南北備物制用而

御用黃船有四一曰預備備巡幸也二曰大三曰小四曰區淺備

薦新也巡狩者所以憂世勤民也薦新者所以敬

天尊

祖也而文典顧未之詳則夫宮殿車旗服飾鹵簿諸儀百度咸列

職掌而此獨可漫無所紀以垂厥後之稽憑哉是故圖之形

像以便效法析之度數以便量材條之因革以便考信別之

章程以便計功而所以辨物采彰等威定名令以昭

一代之盛以監百王之遺者皆是乎在他日修典禮者庶幾乎

其採擇云

預備大黃船

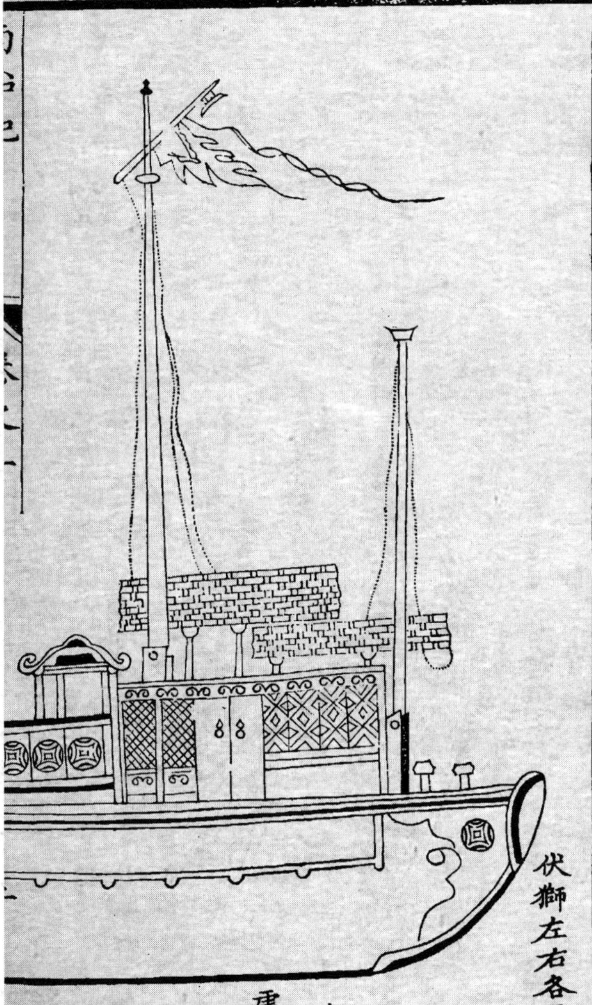

啓案黃船而名預備者何備

御用也御何用巡幸也何謂巡幸由周歷覽以省方而方皆存

問曰巡所至有惠以及民而民皆顒望曰幸蓋自開闢

以来封建列國而巡幸興焉故典於虞謨於夏憲於周

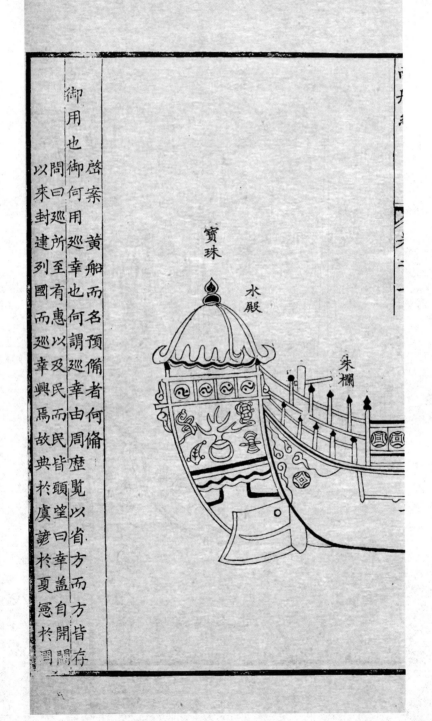

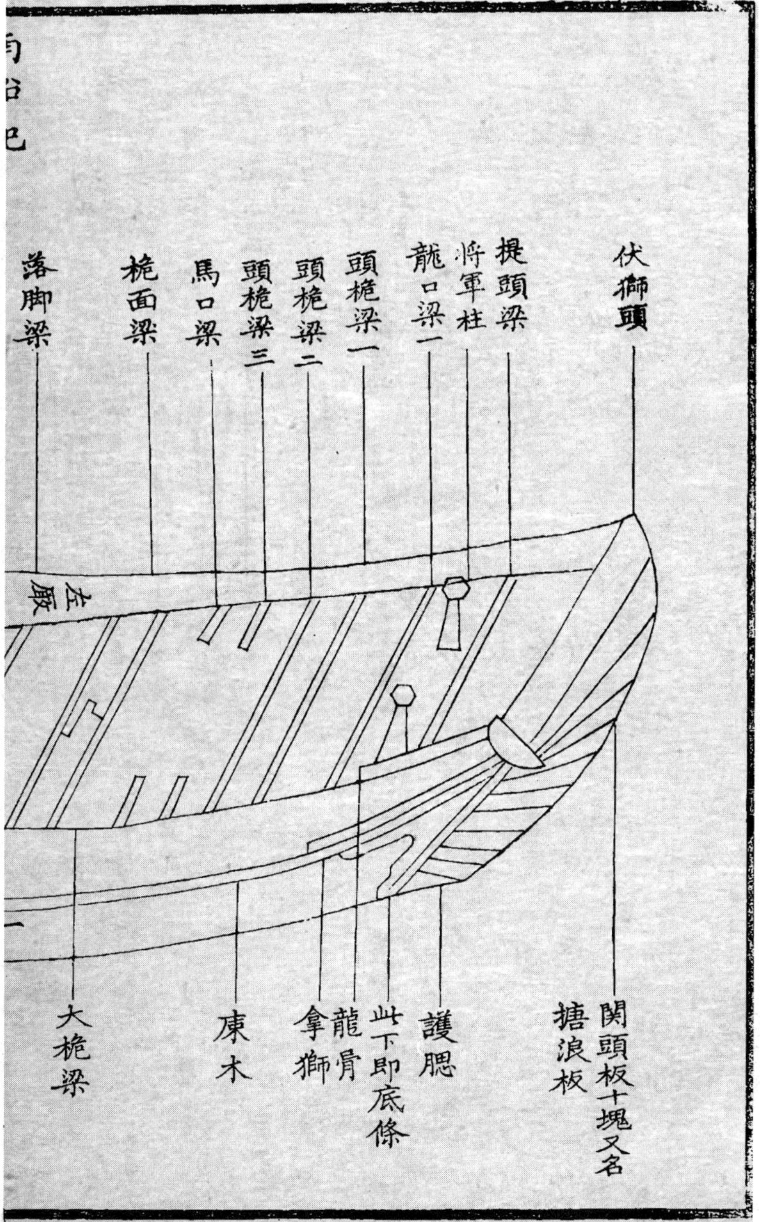
伏獅頭
提頭梁
将軍柱
龍口梁一
頭桅梁一
頭桅梁二
頭桅梁三
馬口梁
桅面梁
落脚梁
左厫
閂頭板十塊又名搪浪板
護腮
此下即底條
龍骨
拿獅
康木
大桅梁

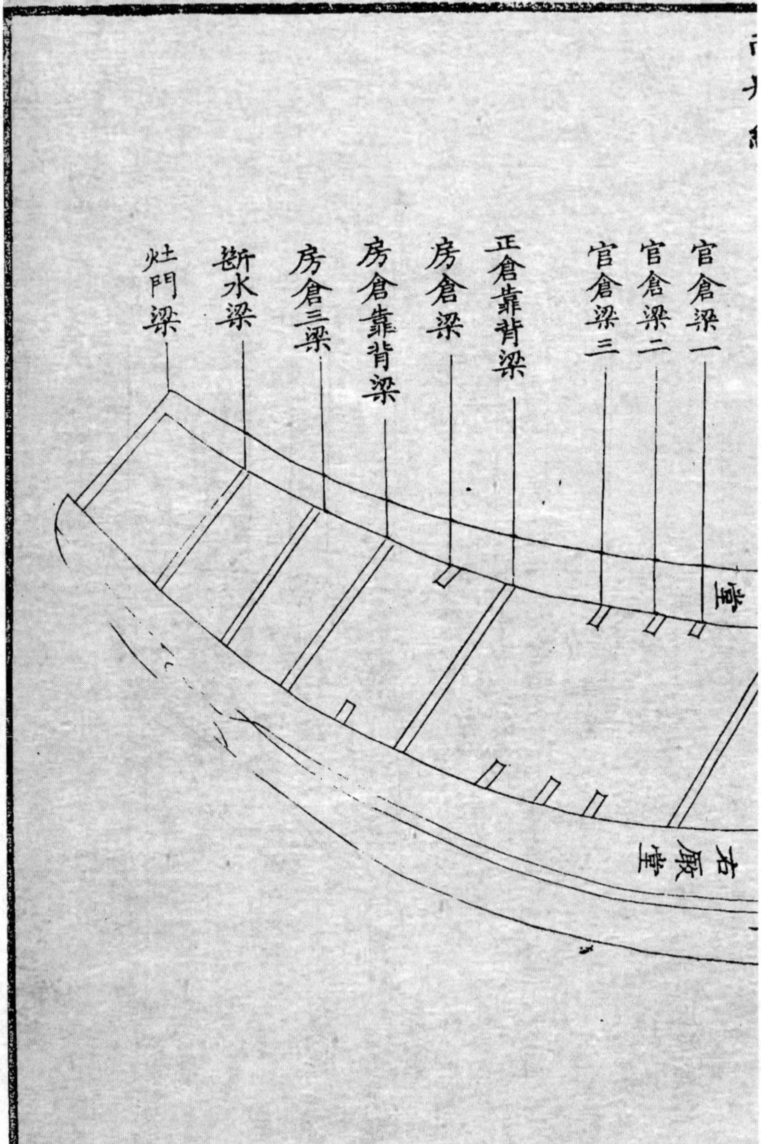
官倉梁一
官倉梁二
官倉梁三
正倉靠背梁
房倉梁
房倉靠背梁
房倉三梁
斷水梁
灶門梁
堂
右廠堂

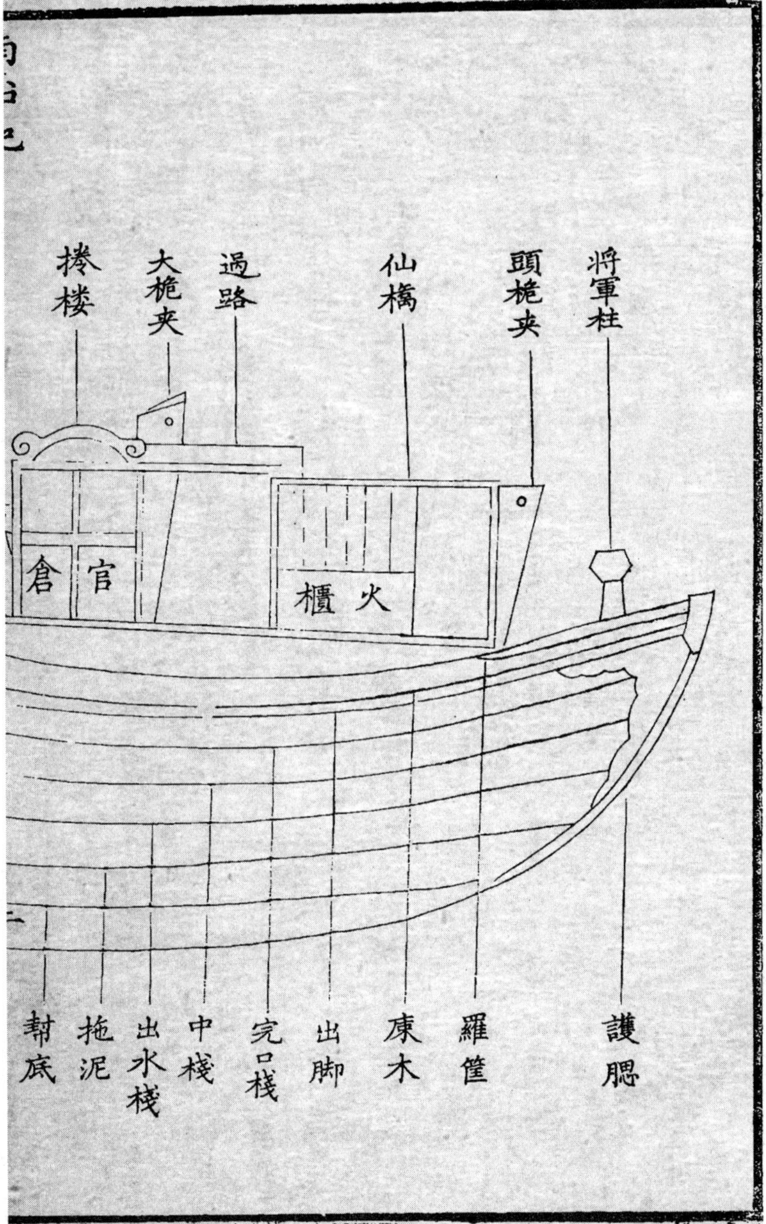
将軍柱
頭桅夹
仙槗
過路
大桅夹
捲楼
官倉
火櫃
護腮
羅筐
康木
出脚
完口栈
中栈
出水栈
拖泥
幇底

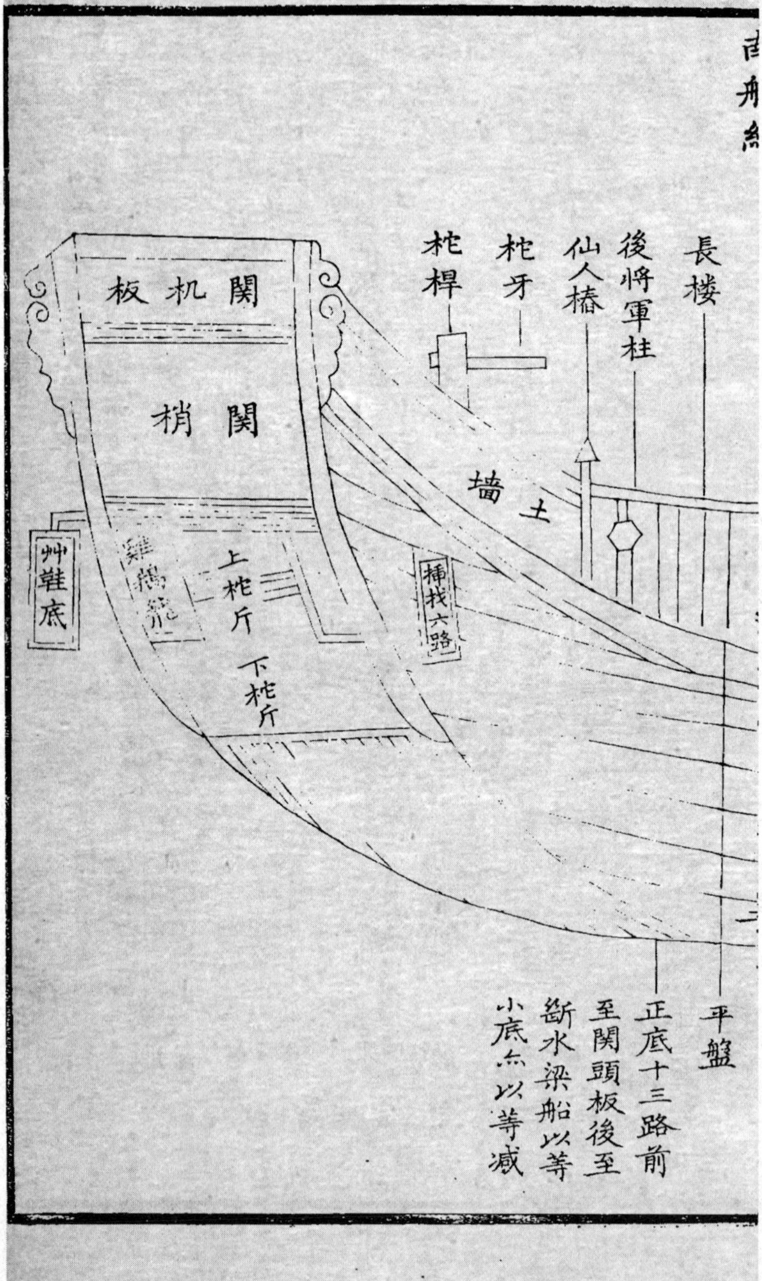
長楼
後將軍柱
仙人椿
柁牙
柁桿
關机板
關梢
土墻
艸鞋底
雞鵝籠
上柁斤
下柁斤
挿找六路
平盤
正底十三路前
至關頭板後至
斷水梁船以等
小底亦以等減

官執慶賞刑威之公以臨萬國所以同度正朔所以命德討罪所以推存固亡所以保婁植孤秩乎親侯比民之道昭然矣寗寥千載船斯創見誠

祖宗真見往聖親天下之心直欲徧神河尗海而撫訊之以顯夫為比之公也乎二百年来未見行事豈懲錦帆之荒唐八驗之寮廓有不足事也不然或古今不相及有不必其迹之同者矣向則自秦裂郡縣寓吏流官無私土子民之固朝不職者朝輒易之不侯興師致討而天下無不貢之土不率之民欲從而令趍也奚庸親狩為哉應漢而元非無慕古者之議及也道不行也不行而强行之或誅長吏之不支民庶之不給者非制也間有酒食葛帛之賜遑適而惠私豈展義之謂哉准田租之什庶為近之上失親民設教之意况馳道師從未必逢迎征索之不逾其半也是故周官已有撢人行人之省後世因之而觀使之遺監訪之遺代不能易所謂變則通通則久道之趨也其尚矣乎恭唯

聖制監古酌時歲遣御史巡而按之又設都御史巡而撫之冢繡壁讜侯度之飭也能興問俗民隱之勤也

駕雖不出而旬宣之化無所弗屆矣然如傷之視心無窮也船故存而不去蓋以為巡為幸可日可時司牧者毋得

肆於民上而謂君門之萬里也此明堂之所以不毀也與是以其材之良也木選川杉蠹之任也底径五寸制之異也金殿黄章費之繁也無慮千百數之倫也恒以十計夫船十也而式一也将不嬙於無別乎嘗聞龍輿鳳輦制有等威数有隆殺是或議禮諸司之未及也有能請定二船而尊其制一如丹駕之儀副其二者以備脩理其他悉從會典所謂大小有制者而殺之則名令嚴而朝廷尊上下辨而民志定矣易曰垂衣裳而天下治非此之謂乎船雖設而不御天下萬世之幸甚矣

頭一倉二倉各長四尺　三倉至六倉各長三尺八寸

七倉至十一倉各長四尺二寸　十二倉至十五倉止各長四尺　虛頭長一丈二尺五寸　虛稍長一丈二尺

共長八丈四尺五寸濶一丈五尺

正底十三路（長六丈濶一尺內十路厚三寸五分三路五寸五分）幇底二路（長六丈二尺濶一尺二寸厚四寸）

拖涅二路長六丈四尺濶一尺二寸厚三寸五分　出水棧二路長六丈八尺厚四寸濶一尺五寸

中棧二路長七丈二尺厚二寸七分濶一尺三寸　完口棧二路長七丈六尺厚二寸五分濶一尺四寸

插找六塊長二丈濶一尺二寸厚二寸五分　出脚二路長八丈四尺五寸厚三寸

厫堂四路長七丈五尺濶一尺厚二寸五分　裏口二路長七丈五尺濶一尺厚四寸

側口二路長二丈七尺濶一尺厚三寸五分　火櫃側口二路長二丈四尺厚二寸五分濶一尺三寸

康木二路長八丈四尺五寸厚六寸五分　千斤板四塊長二丈五尺濶一尺厚二寸五分

伏獅頭一長一丈四尺圍四尺　梁十七座每座板四塊長一丈三尺濶一尺三寸厚二寸五分

累梁二路長一丈三尺方厚六寸　袘脚梁一塊長一丈二尺厚三寸濶一尺四寸

大桅面梁一長一丈五尺濶一尺五寸厚五寸　小桅面梁一長一丈二尺濶一尺二寸厚五寸

上下舵巾二塊長九尺五寸厚三寸濶一尺二寸　竈門梁板二長九尺厚二寸五分濶一尺二寸

關頭板十長一丈一尺厚寸濶一尺三寸

關稍板六長九尺厚二寸五分濶一尺

大桅帆柏一長二丈濶一尺二寸厚五寸

小桅帆柏一長八尺濶一尺二寸厚五寸

拿獅二路長一丈六尺方五寸

土墻二路長二丈四尺濶三尺厚一寸八分

仙橋板二塊長一丈四尺濶二尺四寸厚二寸

捲樓平盤板十二長七尺厚二寸濶一尺二寸

龍骨四根長五丈五尺方五寸

官樓老鼠橋四塊長二丈四尺濶四寸厚二寸

草鞋底二路長一丈六尺濶八寸厚二寸

平盤羅桂四路長八丈四尺五寸濶八寸厚一寸八分

鋪頭板六長一丈一尺濶一尺厚二寸五分

鋪稍板四長一丈二尺濶一尺厚二寸五分

長樓頂板七長二丈七尺厚一寸八分濶一尺二寸

當家木一塊長九尺方厚五寸

將軍柱四長五尺五寸圍三尺五寸

大桅夾二長一丈四尺厚三寸濶一尺二寸

小桅夾二長九尺厚二寸五分濶一尺

舵夾板四長一丈五尺濶五寸厚二寸五分

順水板四 長二丈六尺闊七寸厚三寸　杠板八 長二丈六尺濶三尺厚一寸五分

浪槽板八 長三丈厚一寸五分濶二尺　長樓日晒鎖伏板十五 長七尺濶一尺二寸厚二寸

仙橋鎖伏板二十 長五尺濶一尺二寸厚二寸　水槽十根 長一丈五尺方一尺

雞鶩籠鎖伏二十 長三尺厚二寸濶一尺二寸　盂頭鎖伏二倉五塊 長五尺五寸厚二寸濶一尺二寸

三層鎖伏八倉 每倉用板八塊長四尺濶一尺二寸　櫓踿板十六 長七尺厚二寸五分濶八寸

舵編板八 長六尺濶一尺二寸厚二寸　脚跳板二 長二丈五尺厚三寸濶一尺三寸

蓬架四座

以上共用川杉木十根 圍四尺長四丈者十根圍三尺五寸長二丈八尺者十根

楠木十根分 圍四尺長二丈者十根圍三尺五寸長一丈八尺者十根

杉木連二枋十塊分

杉木連三枋十塊分

有舊料減三分

櫓十張杉木五根（圍二尺五寸長二丈五尺）　大桅川杉木一根（圍四尺五寸長五尺五寸）

杉條木旗哨招杆三根（圍一尺長二丈）　頭桅川杉木一根（圍三尺長四丈）

榆木舵桿一根（圍三尺長一丈八尺）　杉條木蓬秤杠四根（圍一尺長二丈）

舵牙関門棒檀木一根（圍一尺五寸長二丈）　水戧雜木二根（圍一尺長二丈）

水搬　榔頭　羊頭

火櫃柱子八根（內二根長九尺六根長六尺見方四寸五分）

箍頭地脚枋十二根（四根長一丈八尺濶六寸厚五寸八根長九尺濶六寸厚五寸）

麻力㮇枋三十六根（內四根長九尺三寸二根長六尺濶三寸）

艎面弁内裝坂四槽長五尺二寸濶八尺厚八分　左右裙板二塊濶二丈長二尺八寸厚八分

平捲樓柱四長六尺方四寸五分　箍頭地脚枋十長九尺五寸濶六尺厚五寸

長樓柱六長八尺方四寸五分　過梁三長九尺濶六尺厚四寸

左右柱四十長二尺七寸濶三寸厚二寸二分　掛枋二長二丈濶四寸五分厚二寸二分

地脚眉枋四長九尺濶六寸厚五寸　麻力板十六空每空濶四尺二寸長四尺五寸厚七寸

地平二十七扇長四尺五寸濶二尺七寸　長槅十八十扇長七尺五寸濶一尺九寸八扇長五尺五寸濶一尺三寸

短槅四十八扇長二尺七寸闊一尺九寸　平門六扇長五尺五寸濶一尺九寸

稍亭闌杆四根長二丈二尺方三寸五分　两篛板四十八長三丈三尺濶一尺六寸厚八分

箍頭枋八長一丈闊四寸五分厚二寸二分　角梁押縫十二長九尺方四寸

連簷柱四長一丈四尺闊三寸厚一寸二分　座櫃一鋪板全濶九尺長三尺厚七分

闘機板（闊九寸長二尺五寸厚七分）　長短花板十八塊

受帶五十四條　荷葉六

角雲四　屏風床一

膳桌二　面架一　衣架一　圓爐架一

金鑪架一　鼓架一　御伏架一　御伏一對（以上俱朱紅）

連椅二（金漆）　旗櫃一　扶梯四　蓋鍋二

擋衆二　東净櫃一　膳桶二　浴盆一

面盆一　脚盆一　吊桶一（以上俱朱紅）　札板一

膳桶二　浴盆一　脚盆一　净桶一

水挽一　戽斗一（以上俱金漆）

以上共用杉木連三枋　塊　分

杉木連二枋　十　塊　分

楠木二根圍四尺長一丈八尺

榆木一根圍三尺長二丈

魚線膠一斤

油艌底樓　桐油八百斤　石灰一千六百斤　白麻六百五十斤

鉄器　猫二口　火盆一　鍋二口　挽子二　灶二座　鎖一把

搗鑽十　櫓脚圈四　攀胸一條　上馬圏二　舵箍一道　收蓬圈二

跳板圏四　箍頭圈一　累梁圈八　吊桶圏一　鉄水管二　鼓鈎四副

棗核釘二百　舵搭腦一條　大小釘六百斤　桅倒鏍一副　舵串釘二根　膳桶圈八箇

金架鉤一副　桌子插肖二　擋衆圈一副
燈籠圈二副　燈籠架二副　鼓砲釘六百
淨桶箍三道　面桶箍二道　舵桿箍一道
面梁鉄葉四條　千金二十二箇　桶箍三十一道
前後鎖伏圈五　累梁到環二副　稍亭倒環四副
稍亭插肖五根　大鼓鉄圈五道　小鉄圈四十副
膳桶柱十六根　老鸛嘴五十副　手焰燭剪二副
稍亭砲釘二百　卓牙小釘五十　攀頭小釘五十
旗櫃小釘五十　旗櫃事件一副　膳桶箍十五道
鼡斗小釘三十　燈籠護燭二副　小脚盆箍三道
腰子盆箍三道　金漆盆箍三道　火櫃了吊一副
連椅定絞四副　上下抱搶葉八條
上下舵箍葉七條　上下舵中葉四條
環鋑四副脚子全　吊桶挽子箍八道
順水鉄葉三十二條　桅箍小釘一百三十
雞骨栓四根長九寸重三斤
桅栓四内一長三尺重二十斤二長二尺五寸重十五斤
攀頭二條長七尺濶四寸重十八斤

風蓬二扇

青篾竹八百五十根　猫竹七根五分　黄藤一百斤　箬葉一百二十根　棕毛一百七十斤

稍亭篾簟一　蓬衣一

縴簟二　八披二　繫水四（共青水竹一千七百根）　龍笛一（苦竹一根）

篾絲燈籠二　鼓盖一　旂杆二（猫竹槍頭貼金）　官倉雨篛二

棕猫纜二　頂纜二　繫水四　度縴三

吊舵二　櫓綳十　招桅二副（共二十一條共棕毛八百斤）

大桅縴索　絍簟二　頭桅縴索　箍頭二

都管二　上馬索一　銃蓬減蓬各二　旗綫一（共白麻四百五十）

大黄絹旗一（黄號帶一）　黄絹小招旗二　青布紅雲亭衣一

青布兜稍二（每件三副）　稍亭布簾一　火櫃青布幃二

長樓幃二　官倉青布簾二

白綿布十八疋　青絲綿四兩　黃生官絹八疋
黃絲綿二兩　白麻四十斤　紅絨五兩
明礬一斤　蘇木六兩　槐花三斤
靛花九十二斤　猪胰子一斤　挽缸灰六十二斤
紅纓頭一　茜紅火把纓二斤　紅真皮三分　生牸水牛皮三分　生絲右線六錢
花鼓一面　杖鼓一面　生血水牛皮一張五分　樟木一段圍三尺長八尺
銅金一面　銅鎖七匙鑰全　杖鼓鈎
響銅十五斤　木炭一百斤　黃熟銅十六斤　硼砂一兩　紅銅五斤
杖鼓絛　笛結子　椅穿　青綿紗二斤八兩　絲線八兩五錢　大紅熟綠絲線三
錢釘橛　花錫八兩　猪油八兩　蝲殼六十斤
油飾　桐油一百斤　中白綿五兩　石黃三十斤　二硃八斤　白麪六斤八兩　土子三升
瓦灰一斗八升　寄陀僧六兩　生漆四十斤　黑煤五斤　水花硃斤四兩　水膠六斤

銀硃紅土各五斤　光粉二十斤　畨硃點漆各二斤
黃丹二斤十兩　香油四斤　苧布一丈六尺

綵畫
銀硃二斤　二硃二斤　光粉三斤
墨煤一斤四兩　水膠三斤　三碌二斤八兩
合碌斤十二兩　藤黃二兩　枝條碌三斤
靛花青五兩

粧鑾
金箔六十貼　苧布五疋　抹金　金箔十
熟漆十二兩　生漆二斤　三貼

鑄竈
生鉄一百十九斤　稻皮一百十九斤
麥穩一百十九斤　木炭一百十九斤
煤炭一百十九斤

本船諸料共該銀　百　十　兩　錢　分　釐　毫內
如有舊木釘三分扣除實銀　百　十　兩　錢　分
釐　毫

工食銀　十　兩　錢　分

大黄船圖

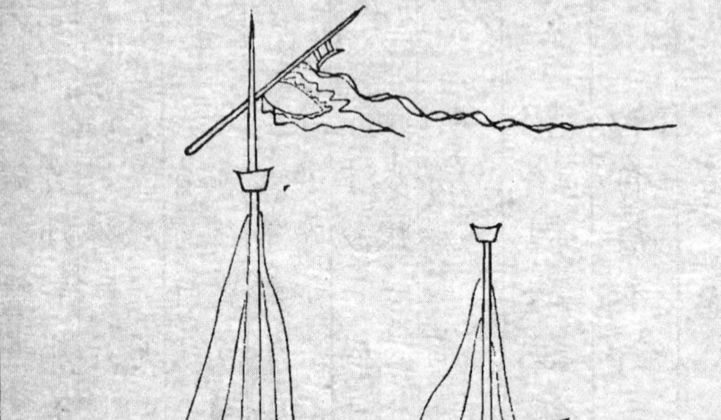

啓伏讀兵部奏
准榜文知南京大黃船者皆以供本部之器貢如曰戧金硃
紅大小膳盒曰硃紅竹絲盒曰大单盒曰茶飾 桶湯桶
曰方箱曰蒸籠曰連椅曰水治卓曰茶架曰行 曰養

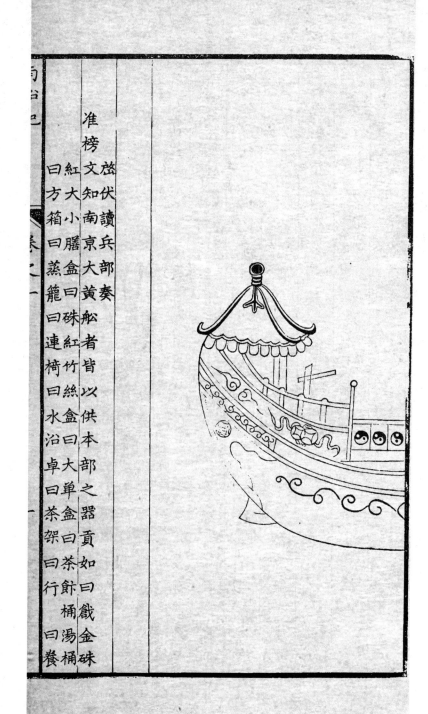

牲匣曰

御伏黃紅銷金油絹單袱計船之應用者凡有十五今船之數亦止於十五蓋諆定而責成者也稽之光祿膳盒歲造萬有二千北工辦八千四百南工辦三千六百嘉靖八年免南一千五百有奇九年減五百有奇卽今所供特一千三百八十有二故船亦僅此而足矧乎損上益下民悅無疆自上下下其道大光

國家月裁日省無非節用以裕民也大光之道豈有疆哉

頭倉至十一倉各長四尺二寸　房倉第十二長三尺二寸　房倉第十三長三尺六寸　八尺倉第十四長三尺四寸　八尺倉第十五長三尺四寸　盧頭倉長一丈二尺五寸　盧稍長一丈三尺

共長八丈五尺三寸濶一丈五尺六寸

正底十一路長六丈零五寸濶一尺二寸厚二寸五分　幫底二路長六丈一尺濶一尺厚二寸

拖泥二路長六丈三尺闊一尺厚二寸　出水棧二路長六丈五尺闊一尺三寸厚二寸

中棧二路長七丈闊一尺五寸厚二寸　完口棧二路長七丈五尺闊一尺五寸厚二寸

插找左右板六塊長一丈八尺闊一尺二寸厚二寸　出脚二路長八丈六尺闊一尺一寸厚二寸五分

厫堂六路長六丈五尺闊一尺厚二寸　官倉側口二塊長三丈二尺闊一尺五寸厚三寸五分

火櫃裏口二路長二丈五尺闊八寸厚二寸五分　千斤板二塊長二丈五尺闊一尺一寸厚二寸

康木二路長八丈六尺闊六寸厚三寸　伏獅頭一長一丈一尺圍三尺五寸

一字梁板二路長一丈厚五寸　挽脚梁一長一丈二尺闊一尺四寸厚三寸五分

梁十六座每座板五塊長一丈三尺闊一尺三寸厚二寸五分　六桅面梁一長一丈五尺闊一尺四寸厚五寸

小桅面梁一長一丈四尺闊一尺二寸厚五寸　將軍柱面梁一長一丈闊一尺二寸厚五寸

竈門梁花板三長一丈二尺闊一尺一寸厚一寸八令　關頭板十長一丈一尺闊一尺二寸厚二寸五分

閘稍板七 長九尺濶一尺一寸厚二寸
上下舵巾二塊 長一丈三尺濶一尺三寸厚三寸

羅椎平盤四路 長八丈六尺濶九尺厚一寸八分
拿獅二塊 長一丈六尺六寸厚五寸

左右土牆二路 長二丈五尺濶二尺厚一寸八分
左右平盤二路 長二丈五尺濶五寸厚一寸八分

草鞋底三 長一丈八尺濶八寸厚一寸
老鼠橋并平盤二塊 長二丈五尺濶六寸厚二寸

龍骨四路 長六丈五尺濶六寸厚四寸
仙橋二路 長二丈五尺濶一尺五寸厚一寸八分

鋪頭板六 長一丈二尺濶一尺厚一寸五分
鋪稍板七 長一丈二尺濶一尺五寸厚二寸二分

長樓頂板八 長三丈濶一尺一寸厚一寸五分
捲樓頂板五 長七尺五寸濶一尺二寸厚一寸八分

平樓頂板五 長七尺五寸濶一尺一寸厚一寸五分
将軍柱二 長七尺圍三尺五寸

大桅夾板二 長一丈四尺濶一尺三寸厚三寸
小桅夾板二 長九尺濶一尺二寸厚二寸五分

帆柏大小二 長七尺濶一尺三寸厚六寸
舵夾板四 長一丈一尺濶七寸厚五寸

仙人樁二長五尺厚五寸　僊橋鎖伏板二十長四尺濶一尺厚二寸

盃頭鎖伏板四長四尺濶一尺厚一寸八分　中路鎖伏板二十長六尺濶一尺厚一寸八分

披水板二長一丈濶一尺一寸厚二寸　編舵板九長三尺五寸濶一尺一寸厚二寸

櫓梭六長五尺六寸厚三寸　櫓跳板四長六尺濶七寸厚二寸

脚跳板二

以上卷查楠木幷板共折莫楠木十根

杉木　根圍三尺長三丈

有舊料減三分

櫓四張杉木二根圍二尺五寸長二丈五尺　頭桅杉木一根圍二尺五寸長二丈五尺

大桅杉木一根圍四尺五寸長五丈五尺　舵桿楡木一根圍三尺長一丈八尺

杉槁木十根 圍七寸長二丈

舵牙關門棒櫃木二根 圍一尺五寸長一丈八尺

旗哨招杆杉條三根 圍一尺長二丈

亦戧雜木二根 圍一尺長二丈

寶珠胡蘆桅餅玲瓏 櫃木一段圍二尺五寸長四尺白楊一段圍二尺五寸長四尺

火櫃柱八 二根長九尺六根長六尺方四寸二分

腰枋六 二根長一丈四根長六尺方四寸

順箍地脚枋四 長二丈二尺闊六寸厚五寸

横順地脚八 長九尺闊五寸厚四寸

上下裙板前後照面枋四槽 共闊七丈六尺長四尺五寸厚六分

平捲樓柱四 長六尺方四寸二分

箍頭地脚枋八 長一丈闊五寸厚四寸

長樓柱六 長八尺見方四寸五分

過梁三 長一丈闊五寸厚四寸五分

掛枋二 長二丈二尺闊四寸五分厚二寸

柱三十六 長二尺五寸闊三寸厚二寸

長槅八扇長四尺五寸闊一尺八寸　短槅四十扇長二尺五寸闊一尺六寸

兩篛板四十長二尺八寸闊一尺七寸厚六分　麻力板十二空闊三尺二寸長三尺厚六分

平門五扇闊一尺八寸長五尺　地平二十四扇長四尺闊二尺六寸

麻力槽枋并挨地平枋六十根長四尺闊三寸厚二寸

稍亭柱四長七尺方五寸　縮頭枋八長一丈闊四寸厚二寸

角梁押縫八長九尺方四寸五分　闌杆四根長二丈二尺方三寸

角雲四　受帶　花板

御仗一對　御仗架一　金架一　扶梯四

以上共杉木　根圍二尺五寸長三丈　有舊料減三分

油艌身底桐油四百十二斤石灰八百二十五斤　黃麻四百十二斤

鉄器　千斤四個　櫓脚環四　上馬圈二　鞴頭圈一　篙鑽十箇　累梁圈八

擋衆圈一副　金架鉤一副　攀頭二條長七尺重十二斤　萬字鉤六十重十五斤

稍亭插肖五十副　老鸛嘴五十副　拐捧鉤四十重二十斤　旗櫃戽斗小釘五十個

累梁倒鏍二副　大小鉄釘　大楇攞錫小砲釘二千四百　小楇攞錫小砲釘共八千

風蓬二扇　青篁竹一百根　棕毛二十一五斤　蘆柴五十束　黃藤五十斤

繫水二　牽繮一　八披二　青水竹一千根

稍亭篾篷九扇　青篁竹七十根　黃藤十斤　毛竹七根

棕毛頂纜二　繫水二　吊舵一　度縴一　共棕毛五百斤

麻旗線索二　都管二　絍繮一　縴索二　共白麻二百五十五斤

黃綃旗一　號帶一　青布幃二　青布亭衣一　闊白綿布七疋　青絲綫五錢

黃生官絹二疋一丈八尺　黃絲綫二錢　槐花五兩　明礬八兩　蘇木四兩　靛青二十斤

紅纓頭一　紅鹿皮一分五厘　生牸水牛皮一分五厘　茜紅火把纓二斤　金鎗頭　金葫蘆

鼓一面　銅鉸　黃熟銅一斤五兩　釘榪　蜊殼六十四斤

油畫　桐油二十五斤　銀硃四斤　二硃四斤　畨硃八兩　紅土三斤　三碌一斤

石黃七斤　枝條碌一斤　藤黃二兩　靛花青三兩　黃丹一斤　密陀僧四兩

墨煤二斤　光粉十一斤　水膠四斤

貼金　金箔十貼　熟漆五兩

本船諸料該價銀　百　十　兩　錢　分　釐　毫

有舊料減三分

實該銀　百　十　兩　錢　分　厘

工食銀　十　兩　錢　分　厘　毫

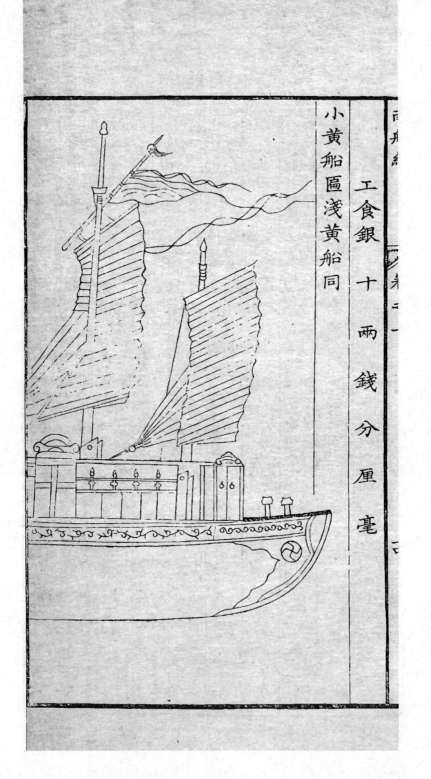

小黄船區淺黄船同

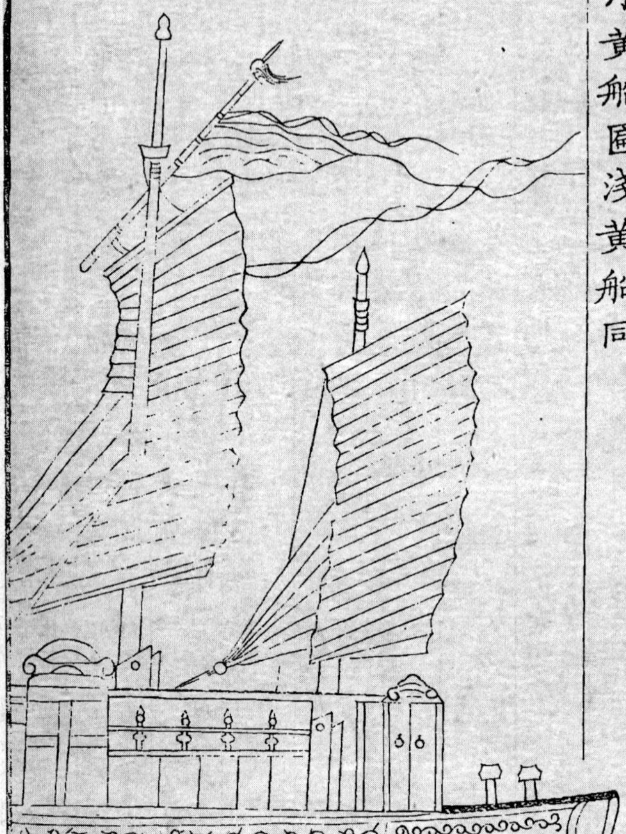

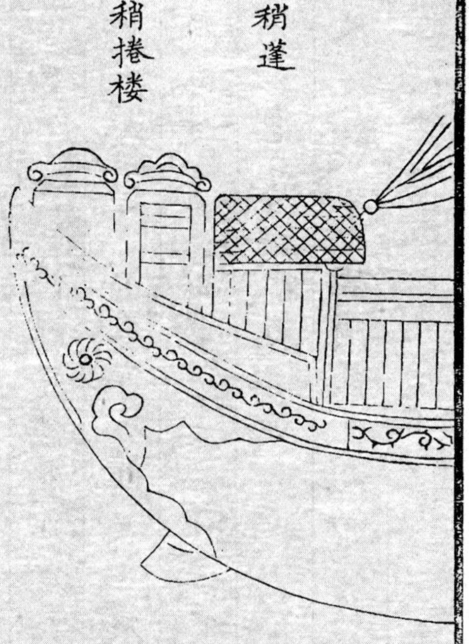

啓按黄船而曰小曰區淺者取其小且輕也小且輕則式與法俱殺矣覆板去稍亭去盧康去雕鑾去給画去唯設色之黄與大船同耳究其政供太常之進太常之進有八皆

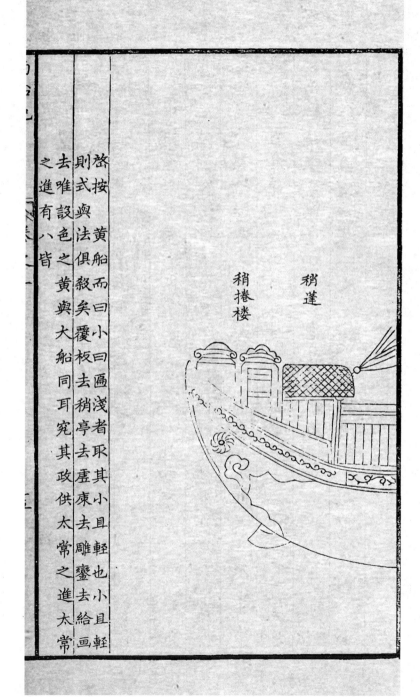

宗廟之時鮮

聖祖之定額歆牲唯子鶩麃果唯梅梨橙柑甘蔗麃蔬惟鮮笋

茭白馨香是薦昭假不違是以

御膳之器每劳裁節而止則惟正之供者翼如也菲飲食而

致孝乎鬼神斯孔

子曰吾無間然

頭倉長五尺　二倉長四尺

三倉至五倉長四尺五寸　桅後平樓倉六倉長四尺

捲樓倉第七長四尺五寸　官倉第八九長三尺

官倉第十十一長二尺五寸　私倉第十二十三各長三尺

稍後倉第十四十五各長四尺五寸

虛頭長一丈二尺　虛梢長一丈四尺

共長八丈三尺闊一丈六尺四寸

正底十一路長五丈七尺五寸闊一尺二寸厚二寸二分　艄底二路長五丈八尺厚二寸闊一尺一寸

拖泥二路長五丈九尺闊一尺一寸厚二寸　出水棧二路長六丈三尺厚二寸闊一尺一寸

中棧二路長六丈八尺厚二寸二分闊一尺二寸　完口棧二路長七丈五尺厚二寸闊一尺一寸

出脚二路長八丈三尺五寸厚二寸五分闊一尺二寸　廒堂六長六丈闊一尺一寸厚二寸

插找左右四塊長一丈五尺厚二寸闊一尺四寸　側口二長二丈五尺闊一尺四寸厚二寸

火櫃裏口長二丈五尺闊五寸厚二寸　千斤板二長二丈闊一尺一寸厚二寸

康木二路長八丈三尺五寸闊六寸厚三寸五分　伏獅頭一長一丈一尺圍三尺五寸

稍伏獅一長一丈圍三尺　將軍面梁一闊一尺一寸厚二寸五分

大桅面梁一長一丈五尺厚六寸闊一尺四寸　小桅面梁一長一丈二尺闊一尺二寸厚五寸

梁十六座每座用板五塊各長一丈三尺闊二尺厚二寸　上下舵巾二長一丈三尺厚二寸五分闊一尺一寸

關頭板十長一丈五寸濶一尺二寸厚二寸五分
關梢板七長一丈濶二尺厚二寸
灶門梁花板四長九尺厚二寸濶一尺二寸
挽脚梁一長一丈三尺厚三寸濶二尺四寸
鋪頭板四長一丈一尺厚二寸濶一尺二寸
鋪梢板七長一丈三尺五寸濶一尺四寸厚一寸八分
左右土墻二路長二丈五尺濶二尺五寸厚一寸八分
土墻平盤二路長二丈五尺濶六寸厚一寸八分
羅桅平盤四路長八丈三尺五寸濶六寸厚一寸八分
拿獅二塊長一丈八尺闊七寸厚五寸
龍骨四路長五丈七尺濶七寸厚三寸五分
草鞋底二塊長二丈厚二寸闊一尺
平樓頂板五長七尺五寸濶九寸厚二寸
長樓頂板七長二丈四尺濶一尺二寸厚二寸
捲樓頂板五長七尺五寸濶九寸厚二寸
稍樓頂板十一長九尺厚二寸濶一尺
火櫃仙橋二路長二丈三尺厚二寸闊一尺三寸
長樓老鼠橋四長二丈四尺濶四寸厚一寸八分
大桅夾二長一丈四尺厚二寸五分濶一尺三寸
小桅夾二長九尺厚二寸五分濶九寸

將軍柱二長七尺圍三尺五寸　大小帆柏二共長六尺厚三寸濶一尺二寸

鎖伏十四塊長六尺濶一尺一寸厚一寸八分　中路鎖伏十五長六尺濶九寸厚一寸八分

盃頭鎖伏三長四尺濶一尺一寸厚一寸八分　稍後倉鎖伏八長五尺厚一寸八分濶一尺

披水板二長一丈濶一尺二寸厚二寸五分　櫓跳板四長六尺闊六寸厚二寸五分

櫓梭四長五尺厚五寸濶五寸　舵編板四　脚踸板二

以上共用楠木

連二三板枋共折楠木十根

杉木　根圍二尺長三丈　有舊料減三分

大桅杉木一根圍三尺三寸長四丈五尺　小桅杉木一根圍二尺五寸長二丈五尺

蓬秆扛四圍一尺長二丈　櫓四張杉木二根圍二尺五寸長二丈五尺

水戧雜木一根圍一尺長二丈　杉槁木十根圍七寸長二丈

舵桿榆木一根圍二尺五寸長二丈八尺　舵牙関門棒檀木二根圍一尺長一丈

旗哨招干杉木二根圍一尺長二丈

桅餅玲璫仙人掌檀木一段圍一尺八寸長四尺三寸白楊木一段圍一尺八寸長三尺

火櫃柱十長八尺五寸方四寸　腰枋七長四尺五寸方四寸

兩篛弁照面土空闊四丈長七尺厚七分　掛枋二

平捲樓柱六長一丈闊六寸厚五寸　長槅八扇長四尺五寸闊二尺

順籬枋二長一丈三尺闊五寸厚三寸　横順過梁地脚枋六長九尺闊五寸厚三寸

長樓柱二長八尺方四寸　過梁一

間枋三十長二尺八寸闊三寸厚二寸　前後掛枋六長二丈二尺闊四寸厚二寸五分

抱柱十二長六尺濶三寸厚二寸　短楅十八扇長二尺八寸濶一尺七寸

兩簷板十八各長三尺濶一尺八寸厚七分　平門十二扇長六尺濶一尺九寸

地平二十四扇長四尺濶二尺四寸

梢蓬柱十長六尺五寸方四寸　過梁一長一丈三尺濶七寸厚五寸

腰枋五長五尺濶三寸厚二寸　披水板八共濶三丈各長三尺厚七寸

扶梯一張　受帶三十四條　長短花板十四塊

以上共用杉木連二板枋　塊濶一尺二寸厚五寸長一丈四尺

楠木　根圍三尺長三丈

有舊料減三分

油艌身底桐油二百斤石灰四百斤　黃蔴二百斤

鉄器 千斤四箇 櫓脚鑼四 上馬圈二 累梁倒鑼二副
籀頭圈一 旗櫃戽斗小釘五十
大小鉄釘 攀頭二條長七尺重十二斤
累梁圈八 拐捧鉤四十重二十斤
擋衆圈一副 萬字鉤六十重十五斤
金架鉤一副 擺錫小砲釘五千二百

風蓬二扇 青篳竹一百根 黃藤四十斤 棕毛三十斤 蘆柴五十束

縴篷一 繫水二 青水竹四百四十根

棕頂纜一 繫水二 吊舵一 度纜一 棕毛二百五十斤

麻纜索二 都管二 維篷一 旗線索一 黃麻二百斤

黃絹旗一 絺帶一 黃縠官絹一疋 黃絲線五錢

紅纓一 茜紅火把纓一斤 紅鹿皮一分 生牸水牛皮一分

油畫桐油十斤　銀硃二斤四兩　靛花青二兩
石黃六斤　光粉三斤　番硃一斤
籐黃二兩　墨煤二斤　黃丹一斤
水膠三斤　二硃二斤　密陀僧六兩
三碌一斤
枝條碌一斤

鼓一面　釘鐍蜊殼五十六斤擺錫砲釘二百　貼金金箔二貼　葫蘆金貼

本船諸料該價銀百十兩錢分釐毫

實該銀百十兩錢分厘毫

工食銀十兩錢分

有舊料減三分

此係二百船數其下有一百五十料一百二十料一百料九十五料八十五料凡五等當以漸減殺

戰巡船圖數之二

詩曰江漢浮浮武夫滔滔水之有戰周宣始之夫宣王中興淮夷醜類猶介中國之間此固不容不用武以殄滅夫類也今茲一統四夷来王守在邊陲善則善矣顧以江淮内地尚勤府庫以虘戰船之備何哉盖以留都根本重地東連海岱西控荆巴南襟閩越壮枕青徐天下之腹心王業之鎬京也小有震驚則四肢百骸之所從而謂安不忘危者肯為小費惜哉是故二百年来歲為戰巡船費者不下萬計制無不備法無不取如吴曰艅艎漢曰樓船戈船孫權曰艨衝闘艦王濬曰大舩連舫隋曰五牙艦韓世忠曰海船虞允文曰海鰌

以至海鶻舴艋走舸遊艇飛雲飛虎飛烏飛江蒼隼野豬指南先登之類雖人各創新代非沿故會今全盛酌準以時是以其為有事之備也曰戰座船二百料戰船一百五十料戰船一百料戰船三板划船其為無事之習也曰巡座船巡沙船一顆印巡船九江哨船安慶哨船大勝關哨船輕淺利便船蓋戰船者鬪艦之遺哨船者游艇之變也因革相仍法象無擧比而觀之檣烏列陣江漢方池孰不謂有備無患所以待天下之變者周而不知潛銷默懾其寢天下之謀者弘矣遠略訏謨誠九鼎鑄而神奸惧夫豈徒曰脩武云乎哉體制攸存統紀無次敬圖而述之以貽經制之盛

四百料戰座船

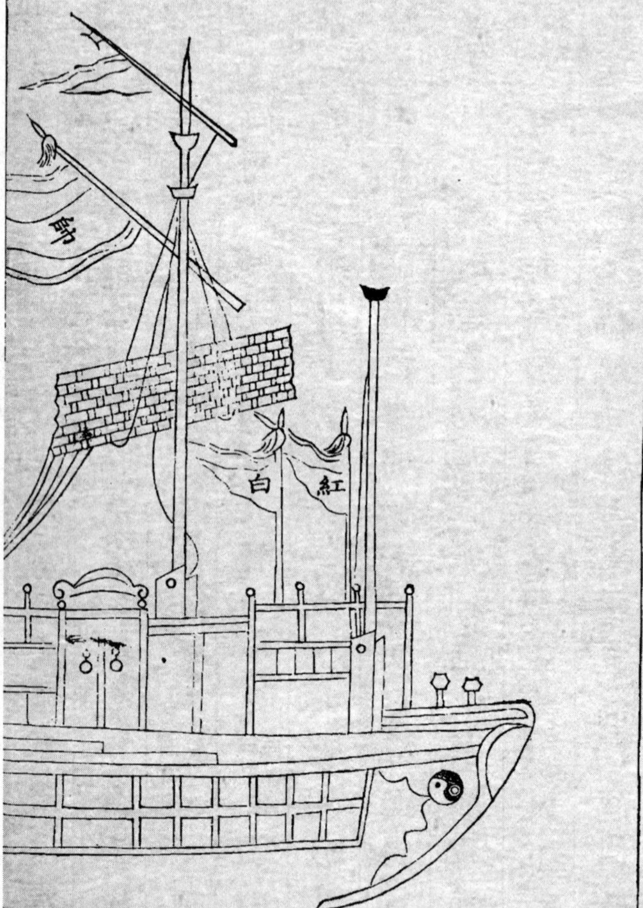

啓按戰船曰座卽邊營陸寨之帥幕也號令之所以整齊者是經畧之所以指示者是威靈之所以震耀者是窺伺之所以寢息者是規制其可以簡陋乎哉是故桅標大纛屯營以準稍翼方亭遠敵以覘舲舟中敞帷幄

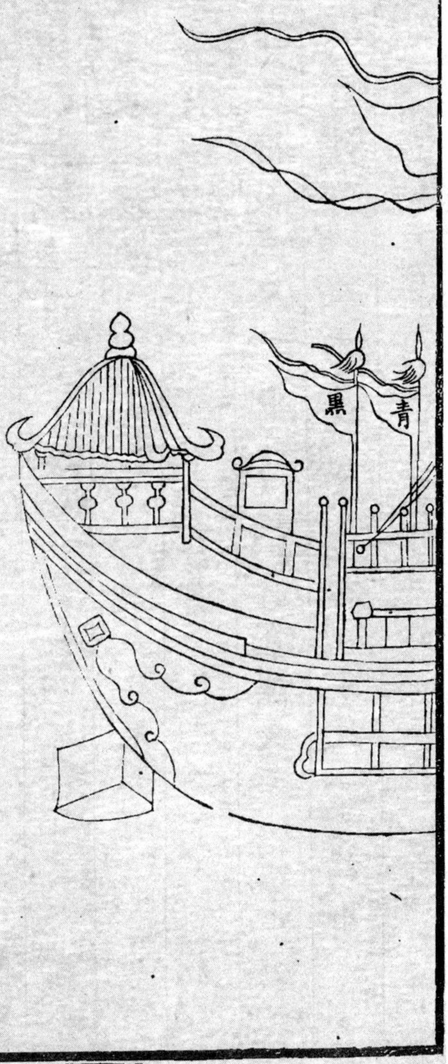

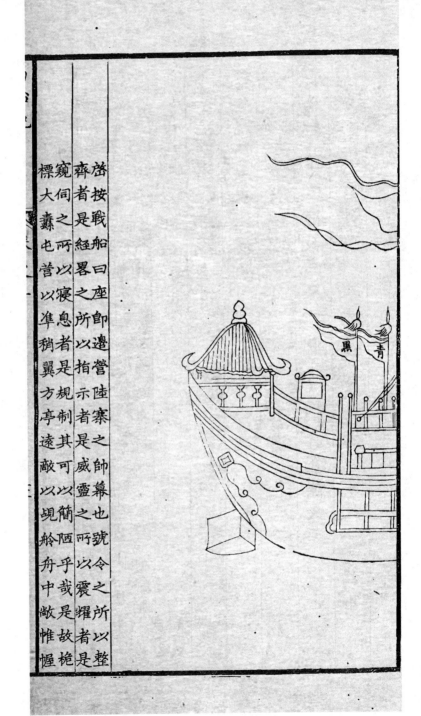

以尊艫雉外周矢石以捍艫艇齒列馳驟以騰浪板掌鋪奔突以便弩穴矛窓攻擊以利要其律式殆樓船之軌範與夫樓船之為器也大而雄堅而利用之驅浪乘颸正猶滄溟鯨運波濤駕旋轉之威霄漢鵬搏風雲鼓扶揺之勢有不戰而先奪人之心者矣此自古迄今所不能改稽其尺度頗為適宜過此恐難為馭善陣者毋令越其制云

頭倉長五尺五寸　二倉長四尺六寸

三倉長三尺五寸　四倉長二尺六寸

五倉長六尺五寸　六倉長五尺二寸

七倉官樓長三尺六寸　八倉官樓長三尺五寸

九倉官樓長三尺六寸　十倉官樓長三尺一寸

十一倉長四尺二寸　十二倉長四尺二寸

十三夾節倉長四尺五寸　十四座八尺倉長五尺五寸
虛頭倉長一丈一尺三寸　虛梢長一丈五尺五寸
共長八丈六尺九寸濶一丈七尺
正底十三路長六丈五尺五寸濶一尺三寸厚三寸　左右幇底二路長六丈七尺厚二寸五分濶一尺二寸
左右拖涯二路長六丈八尺五寸濶一尺三寸厚二寸五分　左右出水棧二路長六丈九尺厚二寸五分濶一尺三寸
左右插找二路長三丈濶一尺三寸厚二寸　左右出脚二路長九尺三寸厚二寸五分濶一尺二寸
左右中棧二路長七尺濶二尺五寸厚二寸二分　左右完口棧二路長七丈九尺厚二寸濶一尺三寸
左右厫堂二路長七丈五尺厚二寸濶一尺一寸　左右羅桂平盤四路長九丈二濶九寸厚二寸
左右側口二塊長二丈五尺濶一尺四寸厚三寸　左右裏口二路長七丈厚五寸濶一尺
左右㡽木二路長九丈三寸濶七寸厚五寸　關頭板十塊長一丈二尺厚二寸五分濶一尺三寸

閼梢板十塊長一丈厚二寸闊一尺　鋪頭板六長一丈一尺厚二寸闊一尺三寸

累梁二根長一丈五尺闊六寸厚五寸　左右土墻二路長三丈厚一寸五分闊四尺

左右土墻康木平盤四路長三丈五尺闊六寸厚二寸　將軍柱四箇長七尺圍三尺五寸

伏獅頭一長一丈四尺圍三尺五寸　長樓頂板九長三丈厚二寸闊一尺二寸

捲樓頂板七長一丈厚一寸八分闊一尺三寸　左右平盤四長一丈厚二寸八分闊一尺

火櫃頂板七長三丈厚一寸八分闊一尺三寸　老鼠橋前後八塊長三尺二寸闊五寸厚二寸

日晒橫枋四根長二丈五尺闊七寸厚一寸五分　火櫃橫枋四塊長二丈五尺闊七寸厚五寸

火櫃中路鎖伏二十長七尺厚一寸五分闊一尺五寸　孟頭鎖伏板八長六尺厚二寸闊一尺

櫓踫板十六長七尺厚二寸闊九寸　大桅夾二長一丈六尺厚二寸五分闊一尺四寸

小桅夾二長九尺厚二寸闊一尺　面梁一長一丈七尺闊一尺四寸厚六寸

小面梁一長一丈三尺濶一尺三寸厚五寸　梢頭頂板五塊長一丈二尺濶一尺厚一寸八分

上下舵巾板二長一丈二尺厚三寸濶一尺三寸　車關車耳長八尺厚五寸濶一尺

竈門梁花板三長一丈二尺厚一寸八分濶一尺二寸　捥脚梁一長一丈五尺厚四寸濶一尺四寸

大小帆柏二長九尺濶一尺三寸厚五寸　櫓印子十六箇長二尺五寸濶六寸厚一寸五分

櫓椶十六箇長五尺厚二寸濶五寸　一字梁一長一丈二尺濶六寸厚三寸五分

左右順擦板二長五尺厚一寸八分濶五寸　前後護腮四長五尺厚一寸五分濶一尺

各倉梁頭十七座每座用板五塊厚一寸五分長一丈五尺濶一尺二寸

舵夾板四塊長一丈二尺濶六寸厚二寸　護損八箇長三尺厚一寸五分濶一尺

左右狗腦十四長四尺厚三寸濶八寸　捶梁四根圍三尺五寸長二丈五尺

左右順水二路長四丈五尺濶九寸厚三寸五分　龍骨四路長六丈五尺濶六寸厚五寸

磨旗板六塊（長四丈五尺厚二寸濶一尺二寸）　編舵板九（長四尺厚二寸闊一尺二寸）

以上用楠木并板枋折楠木十根（圍四尺長三丈）

杉木十根分　鼇（圍三尺五寸長三丈五尺）

有舊料減三分

左右板浪槽日晒跳板鋪倉等松木九根五分（圍四尺四寸長一丈四尺）

有舊料減三分

櫓十六張杉木八根（圍二尺五寸長二丈五寸）　舵桿榆木一根（圍三尺長二丈）

杉槁木十六根（圍七寸長二丈五尺）　頭桅杉木一根（圍三尺五寸長四丈五尺）

大桅杉木一（圍四尺五寸長五丈五尺）　招杆杉木一（圍一尺五寸長二丈）

杉條木蓬秤杠四（圍二尺長二丈）　雜木水戧一根（圍一尺長二丈）

櫃木舵牙關門棒二 圍一尺長一丈五尺 五方旗大旗桿十六

裝修火櫃柱子八 長六尺見方四寸

順地脚箍頭樓枋六根 各長一丈八尺闊五寸厚四寸

横箍頭地脚五根 長九尺闊五尺厚四寸 左右裙板共闊四丈六尺 長三尺厚七分

照面裝板三槽 長五尺闊八尺五寸厚七分 平捲樓柱四 長六尺見方四寸

箍頭地脚枋十二 長九尺闊五寸厚四寸 抱柱枋十四根 長五尺闊三寸厚二寸

長樓柱六根 長八尺五寸見方四寸五分 過梁三根 長九尺闊五寸厚四寸

間柱三十四 長二尺八寸闊三寸厚二寸 掛枋二根 長二丈闊四寸厚二寸

地平二十扇 長四尺五寸闊二尺八寸

挨地平枋麻力槽枋六十 長四尺五寸闊三尺厚二寸

麻力板十二空 每空濶四尺五寸長四尺厚七分 長槅子十六扇 長五尺濶一尺九寸

短槅子四十二扇 長二尺五寸濶一尺七寸 兩箱板四十二塊 長二尺八寸濶一尺八寸

房倉屏門四扇 長五尺濶一尺九寸

稍亭柱子六根 長七尺五寸見方六寸 左右裝板二路 濶二丈六尺高二尺六寸厚五分

横順箍頭地脚枋十二 長一丈濶四寸厚二寸五分

角梁押縫椽枋十二 長九尺見方四寸 幔頂板四空 濶二丈四尺長八尺厚七分

左右上下琵琶闌干二十四 長八尺五寸高二尺八寸

闌干長柱子十四 長七尺五寸見方四寸 過枋十四根 長八尺五寸濶四寸厚二寸

淨瓶短柱十六 長三尺五寸方三寸 神龕一座

角雲四箇 受帶三十四 長短花板十六

肁斗一箇　五方旗架一座　鼓架一座

扶梯七張　旗櫃一箇　銃桿三個

榔頭一個

器用座櫃床面一張長九尺高三尺上面鋪板濶九尺長二尺五寸厚寺

衣架一座　面架一座　水桶一隻　吊桶一個

浴盆面盆各一個　坐桶擡桶淨桶各一隻

以上共用杉木連二枋十塊分長一丈四尺濶二尺二寸

杉木十根十分圍二尺五寸長二丈五尺

楠木一根四分圍三尺長一丈八尺　有舊料減三分

油艌船身底桐油七百斤石灰一千四百斤　黃麻七百斤

油飾彩画 三碌一斤 銅青六兩 合碌一斤 藤黄二兩 靛花青三兩 銀硃二斤

光粉念三斤 黄丹三斤 墨煤十二斤 桐油一百斤 水膠十二斤 蜜陀僧四兩

瓦灰二斗 紅土二十斤 白麪十斤

風蓬二扇 青筆竹四百根 棕毛八十斤 黄藤五十斤

牽䈴繫水二條 青水竹七百根 竹挽二 鼓盖一

㯓 猫頂纜四條 蓬脚索四條 抱桅二副 度繂三條 櫓綳十六條 繫水二條 共用棕毛七百七十斤

麻 繬頭一條 旗索二條 遊蓬索二條 迎䈴條 都管二條 銃蓬索二條 走二三條 共用黄麻二百四十斤 白麻三十斤

黄綃旗一面 紅黄號帶一條 黄布旗一面 藍號帶一條

五方綃布旗十四面 藍號帶一條 放銃旗一面 蔟放旗二面

催櫓黃綃旗二面　神龜黃綃帳一頂　轎衣一領青布

共用白綿布十五疋一丈七尺　黃絲線七錢
黃生官綃七疋　青絲線一兩

染槐花一斤　明礬一斤　挽紅灰二十斤
靛青二十斤　五棓子一斤　蘇木二兩

大紅纓三個　黑纓三箇　五方紅纓弁旗

共用生浄水牛皮　紅鹿皮　白麻線六兩
紅纓十二斤　黑纓十二斤

鼓一面生血水牛皮一張　樟木一段圍三尺長五尺
花錫一斤　猪油一斤　盖一箇

釘槅蜊殼七十二斤
猫竹二根

鉄釘事件大小鉄釘一千四百斤
鉄攀頭二條長七尺濶四寸十二斤

轎頂雲頭挿肖四根　官倉鉄葉子吊六副
梢後聖堂曲鬢五副　闌干老鸛嘴四十副

麻骨釘四十箇　櫓架鉄圈八個
櫓脚鏍十四箇　櫓手斤十四個

鉄篙鑽十六個
舵搭腦一條長七尺闊四寸

舵桿箍一道　鼓架鈎四副
跳板圈四個　官倉地平圈八個

鉄挽子二把　旗櫃犀斗小釘七十個
五方旗鑽二十四個　桅倒鏍一副

梢亭用小釘一千
拐棒鎗七十個重三十五斤

萬字鎗八十個重二十斤
槅子五十八扇內大十十六扇每扇用擺錫蛚殼

砣釘三百五十個共五千六百箇
小槅子四十二扇每扇用擺錫蛩殼釘二百個

共八千
四百箇

桅餅玲瓏　稍亭寶珠一

纓頂葫蘆十四箇　寶珠十四共檀木共白楊

本船諸料共該銀　百　十　兩　錢　分　釐　毫內如

有舊料三分扣除實該銀百十兩錢分厘

毫

工食銀十兩錢

二百料戰船圖

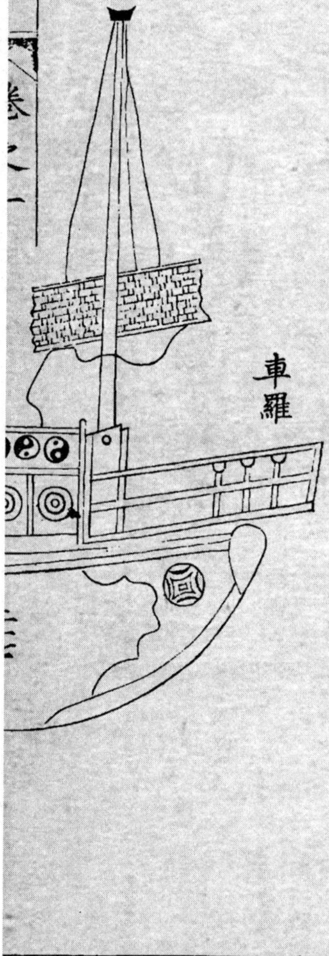

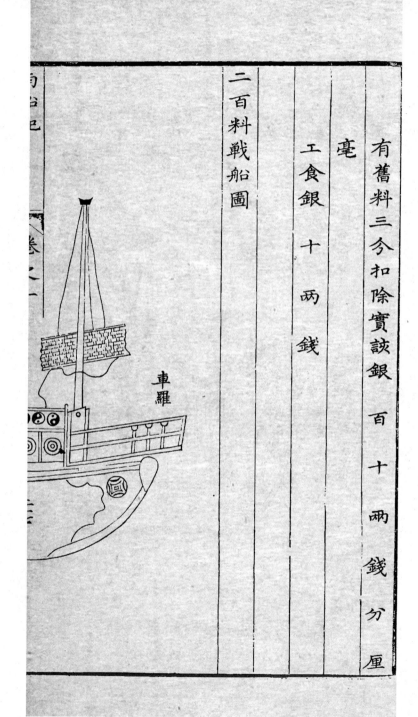

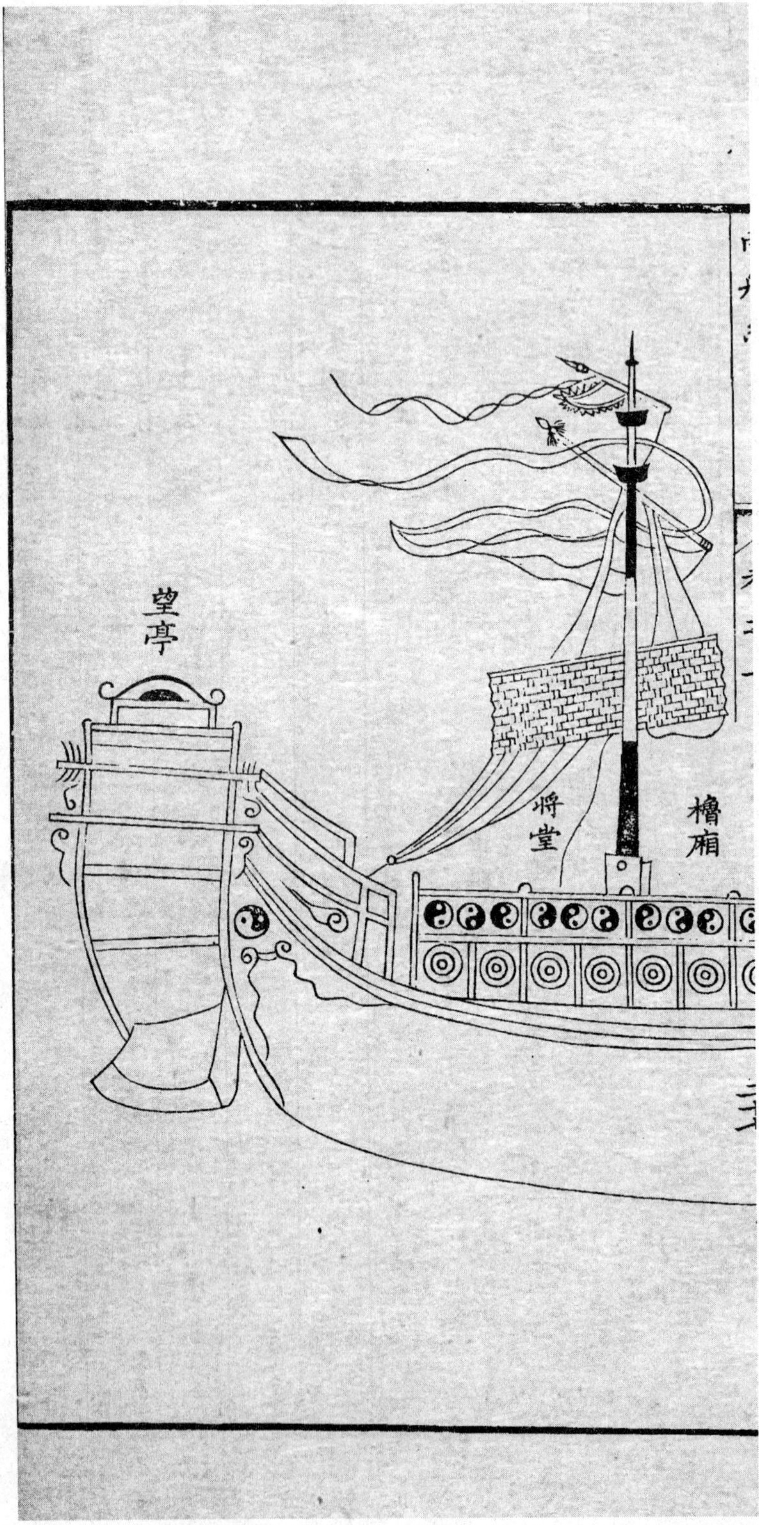
望亭
将堂
櫓廂

㟁按船之二百料其名曰舠即而飾之以為戰船奚俢奚隘哉於稽其式靡器不舉首設車羅拍竿之刺也康列女墻路梡之蔽也櫓孔兩掣飛江之迅也望樓稍擘飛雲之峻也將臺中尊白亜外貴艨艟之家法也制周而法精勢雄而威重諸船之利孰是逾焉嘵乎戎器之設待不虞也苟用其器者知重其器而必講求所以善之以無負於其器斯為器之利也否則不幾於虛器也乎

頭倉長四尺三寸　二倉至八倉各長四尺二寸

九倉十倉各長四尺七寸五分

提頭室倉長八尺九寸　稍尾一丈

共長六丈二尺一寸濶一丈三尺四寸

正底十一路長四丈五尺五寸濶九寸厚二寸二分　左右幇底二路長四丈四尺五寸濶一尺二寸厚二寸一分

左右拖泥二路長四丈六尺濶一尺厚二寸　左右出水棧板二路長四丈八尺厚二寸濶尺三寸

左右完口棧二路長五丈四尺濶一尺二寸厚二寸　左右插找四路長二丈厚二寸濶八寸
左右出脚板二路長六丈三尺濶七寸厚二寸二分　左右康木二路長六丈二尺濶六寸厚三寸五分
左右厫堂板六長四丈九尺濶一尺二寸厚二寸　關頭板七長八尺濶一尺二寸厚二寸二分
關梢板四長七尺厚二寸濶一尺　草鞋底二路長一丈五尺濶八寸厚一寸八分
左右中棧二路長五丈二尺厚二寸濶一尺三寸　一字梁板一長七尺厚五寸濶六寸
左右拿獅二塊長一丈七尺濶五寸厚三寸二分　鋪頭板四長七尺五寸濶一尺厚二寸
鋪梢板六長八尺厚二寸濶一寸　前後鎖伏板十三長四尺濶一尺二寸厚二寸
上下舵巾板二長九尺五寸濶一尺厚二寸五分　伏獅頭一箇長一丈一尺圍三尺五寸
將軍柱四長六尺濶三尺　左右土牆柱子二根長五尺方厚各五寸
桃梁四根圍三尺長一丈八尺　左右順水二路長二尺二寸濶七寸厚三寸五分

左右八字板四 長四尺濶七寸厚三寸五分　左右千斤板四 長一丈三尺濶七寸厚二寸

櫓跳板四 長七尺厚二寸濶七寸　面梁一 長一丈二尺八寸濶一尺三寸厚五寸

小面梁一 長一丈濶一尺二寸厚五寸　帆凹二 長七尺濶一尺二寸厚四寸

大桅夾板二 長一丈三尺厚五寸濶一尺二寸　小桅夾板二塊 長八尺厚二寸濶一尺

車關車耳 共長六尺厚五寸濶一尺　櫓梭十二箇 長五尺厚三分濶四寸

櫓印子十二箇 每箇長一尺五寸厚一寸五分　護損八箇 長二尺厚一寸五今濶七寸

蓬架四座 每座用板八尺濶三寸厚三寸　左右稍土墻二路 長二丈五尺厚寸八分濶二尺七寸

梢樓左右土墻二路 長七尺厚一寸五分濶一尺五寸

頂板七 長七尺厚一寸五分濶九寸　横梢板三 長六尺厚一寸四分濶三寸

左右順擦板二 長七尺厚一寸五今濶七寸　櫓架四座 用板六塊長五尺厚一寸四今濶三寸

鰕鬚板三長八尺厚一寸五分濶六寸　車羅枋九長一丈四尺濶五寸厚四寸

天蓬板一座頂板十二長三尺三寸厚一寸五分濶一尺一寸

車羅鋪頭板三長六尺五寸濶一尺一寸八分厚二寸　龍骨二路長三丈三尺濶五寸厚四寸

各倉梁頭十一座每座用板四塊長一丈一尺濶一尺二寸一分

編舵板四塊

以上共用楠木十根分圍三尺長三丈

杉木一十一根圍三尺長三丈

松木一十根圍三尺五寸長二丈五尺　有舊料減三分

頭桅杉木一根圍二尺五寸長二丈五尺　大桅杉木一根圍三尺五寸長四丈五尺

櫓十二杉木六根圍二尺五寸長二丈五尺　楡木舵桿一根圍三尺長一丈八尺

檀木舵牙關門棒二圍一尺長二丈　雜木水戧二根圍一尺長二丈

杉條木旗哨招杆三圍一尺長二丈　杉槁木一十根圍七寸長二丈

裝脩長柱子十四長九尺五寸見方四寸　短柱子二十二長六尺見方四寸

左右平盤掛枋八長一丈一尺闊七寸厚一寸七分　過梁九根長二丈二尺闊六寸五分厚四寸

地脚抱柱枋八內四各長八尺四各長三尺闊四寸厚三寸

櫓廂門四十扇長五尺五寸闊二尺六寸　門檻四十扇長一尺三寸闊三寸厚一寸七分

槅子四扇長五尺闊二尺　座床面一長八尺高二尺三寸上面鋪板闊八尺長二尺厚七分

敵臺板十長八尺闊八寸厚八分　柱子十根長一尺五寸見方四寸

枋十二根長一丈八尺闊三寸五分厚二寸　轉更樓一座

銃架一座　銃桿三根　鎗架四座　木鎗欓扒二十五根

扶梯二張　鼓架一座　旗櫃一箇　五方旗桿五根

望斗一座　脚跳板二塊　榔頭一把　水瓶二箇

戽斗一箇　吊桶一個　水桶一隻　上下鋪倉板

水牌一面　水挽一隻

以上共用杉木十根圍二尺五寸長二丈五尺

杉木連二枋塊長一丈四尺濶一尺二寸　有舊料減三分

油艌桐油三百斤石灰五百斤　黃蔴三百斤

油飾綵畫桐油三十五斤　黃丹二斤　蜜陀僧八兩
三碌一斤　合碌一斤　靛花青二兩
銀硃一斤　二硃二斤　藤黃三兩
水膠六斤　光粉四斤　墨煤四斤
番硃三斤　土紅五斤
石灰三十斤　糯米八升

風蓬二 青箠竹二百六十根黃藤三十五斤棕毛五十斤杉條蓬秤扛四根各圍一尺長一丈

綷簟繫水各一條 青水竹三百四十根 竹挽二

椶 猫纜二條頂纜二條繫水二條櫓綳十三條吊舵一條度縴二條共用椶毛四百五十斤

蔴 都管索三條簟索一條銃蓬索二條縴索二條旗線索二條減蓬索二條

共用 黃麻一百斤白麻二十斤

鼓一面

釘槅 蜊殼八斤毛竹五分

旗二面 號帶二條 五方旗五面 青布斗衣

共用 白綿布九疋青絲線五錢 黃綠線一兩

染 槐花一斤靛花青二十斤蘇木六兩挽缸灰十斤明礬八兩

纓頭二個黑纓二斤白麻線二兩生净水牛皮一分紅鹿皮一分

玲瓏桅餅等項用檀木一段圍二尺五寸長六尺白楊木一段圍二尺五長五尺

鉄釘浮動什物大小鉄釘四百七十斤鉄攀頭二條重六斤鉄挽子二把重一斤

篙鑽八箇重二斤艣脚鐶四個重一斤拐棒鉤十二斤萬字鉤十斤

本船諸料共該銀　百　十　兩　錢　分　厘　毫内如

有舊木釘三分扣除實該銀

工食銀　十　兩

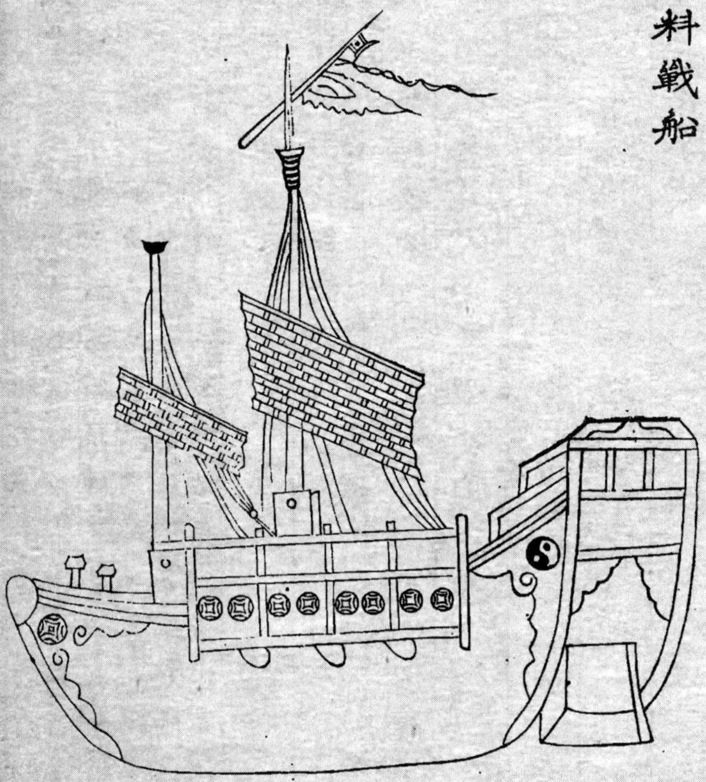

一百五十料戰船

臣按兵無常形陣無定法故子胥嘗以船軍之教比陸軍之法謂大翼者當陸軍之車小翼者當輕車突冒者當衝車樓船者當行車由是而觀則知戰船有體大小不得一律而齊也是船雖殺而差小所少者將臺望亭車羅耳其他捍蔽之具猶無不偹且備也偏裨乘之為先鋒為後殿為左犄為右角烏乎弗良謂之小翼可也謂之突冒可也

頭倉至十倉各長三尺八寸

虛頭長六尺九寸　虛梢長九尺五寸

共長五丈四尺四寸濶一丈六尺

正底九路 長三丈八尺五寸濶九寸厚二寸三分

左右幫底拖泥共四路 長四丈一尺濶一尺厚二寸

左右出水棧二路 長四丈二尺濶一尺一寸厚一寸七分

左右中栈二路長四丈五尺厚一寸七分濶一尺二寸　左右完口栈二路長四丈八尺濶一尺厚一寸七分

左右插找四路長一丈五尺濶八寸厚一寸七分　左右出脚板二路長五丈四尺四濶七寸厚一寸七分

左右廠堂四塊各長四丈厚一寸七分濶一尺　左右側口二路長四丈厚二寸濶五寸

左右康木二路長五丈四尺四寸濶五寸厚四寸　関頭板六塊長七尺厚二寸濶一尺

鋪頭板三塊長七尺厚二寸濶一尺　将軍柱面梁一長七尺五寸濶八寸五分厚三寸

関稍板四塊長七尺厚一寸七分濶一尺　左右土墻二路長二丈二尺厚一寸五分濶一尺五寸

鋪梢板六塊長七尺五寸濶一尺厚一寸五分　上下舵巾板二塊長八尺厚二寸濶一尺

草鞋底二路長一丈三尺濶八寸厚一寸　梢樓頂板八塊長七尺厚一寸七分濶一尺一寸

左右拿獅二路長三丈五尺濶五寸厚三寸　綫梁三塊長八尺厚二寸濶八寸

櫓梭六箇長五尺厚三寸濶四寸　竈門梁板二塊長七尺濶七寸厚一寸

天蓬頂板四路長三丈二尺厚一寸六分濶一尺二寸　櫓䟶板六塊長六尺厚二寸濶七寸

桅夾板四塊長八尺厚二寸一分濶一尺　編舵板六塊長三尺厚一寸五分濶一尺

舵夾板四塊長六尺五寸厚二寸　帆桕二塊長三尺厚五寸濶一尺

大小面梁二塊長九尺濶一尺二寸厚二寸　前後鎖伏板九塊長三尺厚一寸五分濶一尺

各倉梁頭十二座每座四塊長九尺濶九寸厚一寸八分

櫓印子六箇長三尺厚一寸五分　車關車耳三塊長六尺厚二寸

将軍柱二箇長五尺五寸圍三尺　梢伏獅一箇長七尺圍三尺

伏獅頭一箇長八尺圍三尺　龍骨二路四塊長二丈濶七寸厚四寸

以上共用楠木并折板枋十　根　分圍三尺長三丈

杉木八根九分圍二尺五寸長二丈五尺

有舊料減三分

杉木大桅一根（圍三尺長三丈五尺）杉木頭桅一根（圍二尺五寸長二丈五尺）

櫓六張杉木四根（圍二尺五寸長二丈五尺）榆木舵桿一根（圍三尺長一丈八尺）

檀木舵牙關棒一根（圍一尺長一丈五尺）雜木水戧二根（圍七寸長二丈）

篷秤桿旗哨招杆七根（圍一尺長二丈）杉槁木六根（圍七寸長二丈）

裝脩官樓柱子十根（長七尺見方四寸）掛枋四根（長一丈八尺濶四寸五分厚二寸）

門八扇（長九尺濶三尺五寸）照面枋一槽（長三尺五寸濶四尺厚七寸）

敵臺枋四根（長一丈八尺濶三寸五分厚二寸）敵臺短枋二根（長四尺濶三寸五分厚二寸）

短柱子六根（長八尺濶三寸五分厚二寸）梢柱子二根（長六尺見方四寸）

抱柱枋二根（長五尺濶三寸五分厚二寸）上下柱五根（長五尺濶三寸五分厚二寸）

敵臺板四塊長九尺闊五寸厚七分　左右裝板二槽闊七尺厚七分長三丈

槅子四扇長五尺闊一尺九寸　座櫃床面一張長八尺高二尺二寸

上面鋪板闊八尺長二丈厚七分　雲頭板二塊長九尺八寸厚一寸四分

鎗架二座　木鎗撓扒十　鼓架一座　銃架一座

水挽二　銃桿三根　扶梯一張　旗櫃一箇

櫛頭一　水梘　水橛二根　跳板二

水吊桶一　戽斗一　鋪倉板

以上共用杉木　根圍二尺五寸長二丈五尺

杉木連二枋　塊長一丈四尺闊一尺二寸

有舊料減三分

鐵器 大小釘四百二十斤 篙鑽六個重一斤八兩
櫓脚環六箇一斤八兩 挽子二重一斤
拐棒鋦八箇 萬字鋦七箇
蜊殼小砲釘八兩 門圈一副

油艌 桐油二百五十斤 黃蔴二百五十斤
石灰五百斤

纜索 棕六件 棕毛三百七十五斤
麻七件 黃蔴八十斤

風篷二 青筀竹二百五十根 棕毛三十斤
黃藤三十斤

繂簟繫水各一條 青水竹三百二十根 竹挽二條

油飾綵畫 桐油廿七斤 黃丹二斤 三碌一斤
銀硃一斤 二硃二斤 番硃二斤
靛花青二兩 藤黄三兩 水膠三斤
光粉四斤 墨煤四斤 合碌一斤
蜜陀僧八兩 紅土三斤
石黄二十斤 糯米三升

鼓一面 釘槅 蜊殼五斤

旗一面一號帶　用白綿布七疋　青絲線三錢　黄絲線五錢

染槐花八兩　明礬四兩　蘇木四兩
靛青十斤　挽缸灰十斤

纓頭纓籠二　白蘇線一兩　黑纓一斤
紅鹿皮一分　生㸉水牛皮一分

玲瓏槍餅寶珠　檀木一段圍二尺五寸長三尺五寸
白楊木一段圍二尺五寸長三尺五寸

本船諸料共該銀　百　十　兩　錢　分　厘　毫如有

舊木釘三分扣除實該銀

工食銀共該

一百料戰船

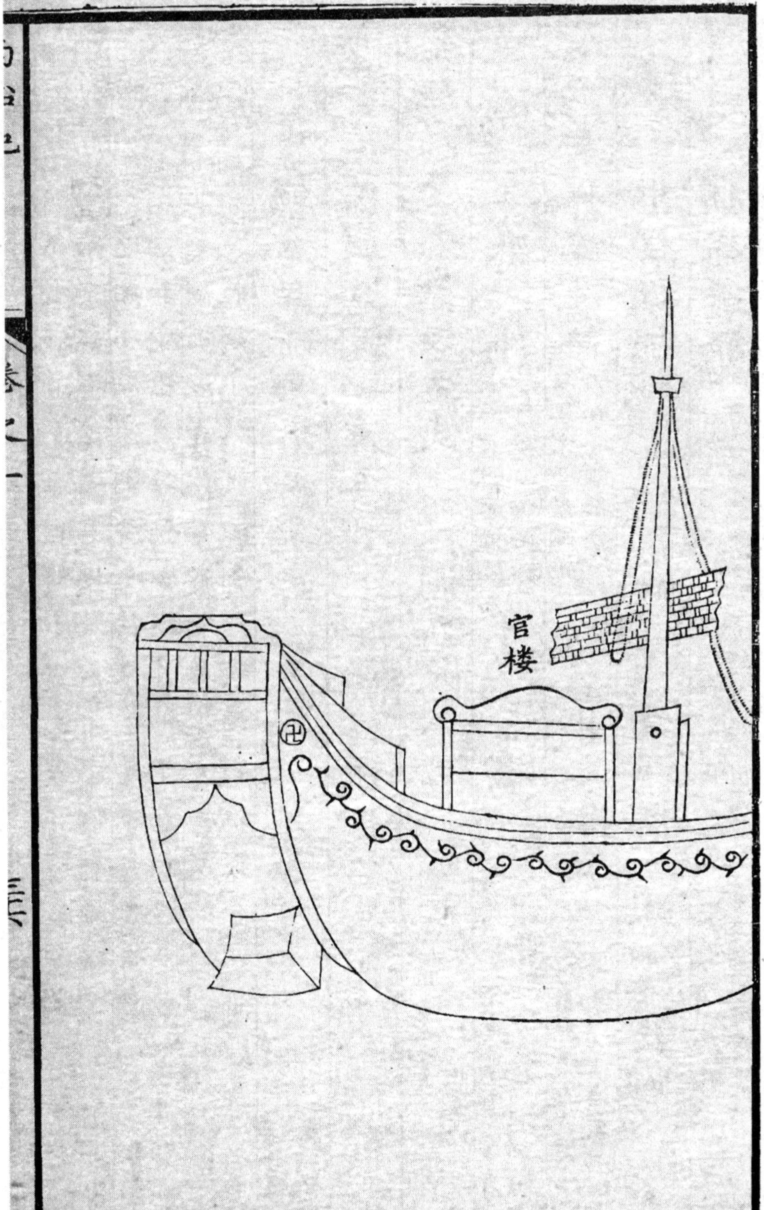
官楼

啓按戰船而至百料小莫甚矣容可三十人悉如遊艇而一無捍蔽之具豈若人之命獨可輕歟不知兵貴奇速船小而速則責之往来遊擊以盡其奇隐伏卒簽以盡其變出沒無端以盡其神誰其能右是故輕舟薄擊永徳哘以走仁肇舴艋单承文育所以斬鮑砰又孰謂小不足以制大哉頋善将兵者之何如

頭倉至十倉各長三尺五寸

虛頭倉長七尺五寸　虛稍長九尺五寸

共長五丈二尺濶九尺六寸

正底七路長三丈五尺濶一尺一寸厚一寸七分　幇底二路長二丈七尺濶九寸厚一寸七分

拖泥二路長三丈八尺濶九寸厚一寸七分　出水棧板二路長四丈濶一尺厚一寸六分

中棧板二路長四丈二尺濶一尺二寸厚一寸六分　完口棧二路長四丈二尺五寸濶一尺厚一寸六分

插找二路長一丈五尺濶八寸厚一寸六分　出脚板二路長四丈七尺七寸濶七寸厚二寸

厫堂四路（長三丈八尺厚一寸六分濶一尺五寸）
側口二路（長三丈八尺濶四寸厚三寸八分）
線梁四座（長八尺五寸濶六寸厚四寸）
面梁一塊（長九尺濶一尺二寸厚五寸）
将軍柱面梁一塊（長七尺五寸濶一尺厚四分）
鋪頭板三塊（長六尺五寸濶一尺厚二寸）
關頭板五塊（長六尺五寸厚二寸濶一尺二寸）
左右拿獅二路（長三丈厚四寸濶五寸）
左右康木二路（長四丈八尺濶五寸厚三寸）
左右土墻二路（長一丈七尺厚一寸五分濶一尺五寸）
梢樓頂板（長七尺濶一尺二寸厚一寸五分）
上下舵巾板二（長七尺五寸厚二寸濶一尺）
鋪梢板六塊（長七尺厚一寸六分濶一尺）
關梢板四（長六尺濶一尺厚一寸六分）
前後鎖伏板二十（長四尺厚一寸六分濶一尺）
竈門梁二塊（長六尺五寸濶一尺厚一寸六分）
櫓印子四箇（長二尺五寸厚一寸五分）
草鞋底二塊（長一丈二尺濶七寸厚一寸五分）
櫓梭四箇（長五尺厚三寸）
伏獅頭一箇（圍三尺長六尺五寸）

將軍柱二箇（長六尺五寸圍三尺）　梢伏獅一箇（長七尺圍三尺）

車闌車耳（共長六尺方厚五寸）　各倉梁頭十二（每座用板三塊各長八尺濶尺一厚一寸八分）

官樓頂板八（長五尺濶一尺一寸厚一寸五分）　帆柏一塊（長四尺濶一尺二寸厚四寸）

左右千斤板二（長一丈二尺厚一寸七分）　櫓跳板四（長六尺厚一寸五分濶七寸）

編舵板六塊（長三尺厚一寸五分濶一尺）　舵夾板四（長六尺厚一寸四分濶五寸）

桅夾二塊（長五尺厚二寸濶一尺）　鋪板二倉　各倉水梘

篷架一座　跳板二塊　水牌一面

以上共用楠木弁折板枋訣　拾　根（圍三尺長三丈）

有舊料減三分

杉木桅心一根（圍二尺五寸長二丈五尺）　櫓四張杉木二根（圍二尺五寸長二丈五尺）

榆木舵桿一根圍二尺五寸長一丈八尺　檀木舵牙關門棒二圍一尺長一丈
雜木水戧二根圍一尺長二丈　蓬扛旗招杆四根圍一尺長二丈
杉槁木十一根圍七寸長二丈　榔頭一　水撅二　戽斗一
水挽二
裝脩官樓柱子四長八尺見方四寸　左右裝板二槽濶七尺五寸長四尺厚七分
上下箍頭枋六四根長九尺濶四寸厚二寸五分二根長五尺濶厚同
後裝板一槽濶五尺長四尺厚七分　梢柱子二根長六尺見方四寸
上下枋五根長八尺濶四寸厚二寸五分　抱柱四根長五尺濶二寸厚二寸
左右裝板二槽闊七尺長二尺五寸厚七分　雲頭板二塊長八尺濶七寸厚一寸四分
門二扇長四尺濶二尺厚一寸五分　槅子四扇長四尺五寸濶一尺八寸

銃架一座　吊水桶二　銃桿三根　旗櫃一個

以上共用杉木　根　分闊二尺五寸長二丈五尺　有舊料減三分

鉄器　大小鉄釘三十斤　櫓脚鏍二箇重八兩　萬字鍮四斤　鉄挽子一把重八兩　篙鑚八個重二斤　拐棒鍮八斤　釘蜩殼小砲釘八兩　門圈一副

油艌　桐油一百二十斤　石灰二百四十斤　黄蔴一百二十斤

錨頂纜繂等　棕五件　麻八件　棕毛二百五十斤　黄麻七十五斤

風蓬一扇　青篁竹一百根　棕毛三十斤　黄藤二十斤

牽䉛繫水各一條　青水竹二百根　竹挽二條

油飾綵画　桐油十斤　合碌五斤　三碌五兩　銀硃十二兩　黄丹四兩　二硃一斤　靛花青六兩　墨煤二斤　藤黄二兩　水膠一斤　光粉二斤　密陀僧四兩

畨碌八兩　石灰十斤
糯米三升

榪子 蜊殼八斤

纓頭一箇 生挣水牛皮一分 黑纓一斤

旗號一面 白綿布五疋 黃絲線五錢

染 槐花八兩 明礬四兩 靛青二斤

玲璫桅餅 檀木一段圍二尺長一尺五寸 白楊木一段圍二尺長一尺五寸

本船諸料該銀　百　十　兩　錢　分　厘　毫內如有

舊木釘三分扣除實該銀

工食銀一十四兩七錢

三板船　剗船同

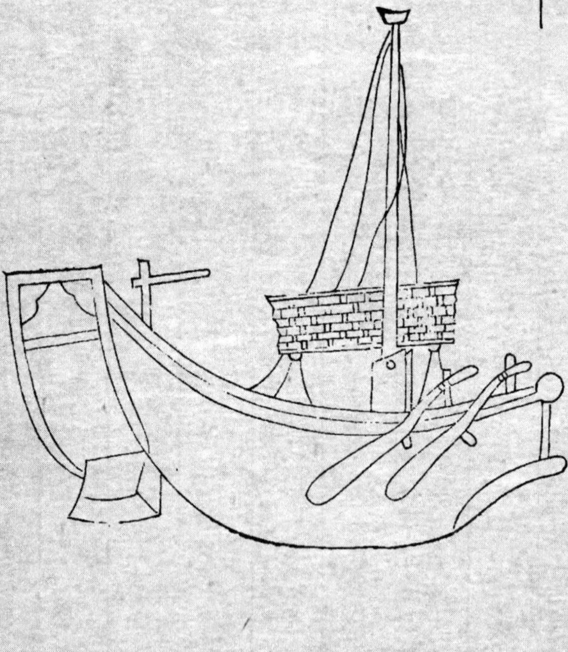

啓按三板船剗船二種式同而名異制陋而料輕盖當水軍操演之時用之營外以為客為奸者也有事之日

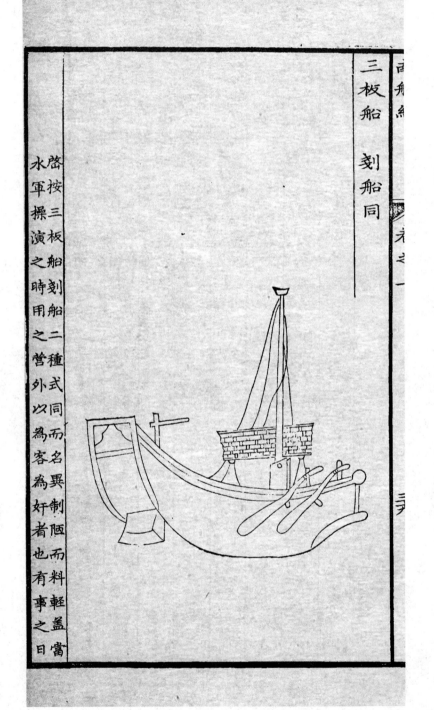

似疑於無用不知賈船欺羽漁舫遞胥一葦可航焉知其不足以佐元戎之急

一倉至十倉各長三尺五寸　虛梢長三尺

共長三丈八尺濶八尺四寸

正底七路長三丈六尺厚一寸七分濶一尺一寸　拖泥二路長三丈六尺厚一寸六分濶一尺一寸

幫底二路長三丈六尺厚一寸六分濶一尺一寸　出水棧二路長三丈五尺厚一寸六分濶一尺一寸

中棧二路長三丈六尺濶一尺厚一寸六分　完口棧二路長二丈八尺厚一寸六分濶一尺二寸

出脚二路長三丈八尺濶一尺厚一寸八分　康木二路長三丈八尺濶五寸厚二寸五分

拿獅二路長三丈八尺濶四寸厚三寸　厫堂六塊長一丈六尺濶一尺厚一寸六分

前海漫板六塊長九尺厚一寸六分濶一尺　後海漫板七塊長一丈三尺濶一尺厚一寸六分

左右插栈二長五尺厚一寸六分濶七寸　左右千斤板四長九尺厚一寸六分濶一尺

櫓跳板四塊長六尺厚一寸六分闊七寸　線梁三塊長七尺厚二寸濶八寸

鋪頭梢板二長六尺厚一寸六分闊一尺　關梢板一塊長六尺濶一尺三寸厚一寸六分

草鞋底二路長六尺厚一寸六分闊一尺　各倉梁頭十座每座用板三塊各長七尺闊一尺厚一寸六

桅夾板二路長六尺濶一尺一寸厚二寸　面梁一塊長八尺厚三寸闊一尺三寸

帆柏一塊長三尺厚三寸闊一尺　上下舵巾板二長六尺厚二寸闊一尺

推水板三塊長六尺厚三寸濶一尺　編舵板三塊長三尺濶一尺一寸厚一寸五分

將軍柱一箇長六尺圍二尺五寸　伏獅頭一箇長六尺五寸圍二尺五寸

梢伏獅一箇長七尺圍二尺五寸　櫓印子四箇長七尺厚二寸濶九寸

櫓梭四箇長四尺厚二寸五分闊四寸　蓬架二座

以上共用楠木　根圍三尺長三丈　有舊料減三分

杉木桅心一根圍二尺五寸長二丈五尺　舵桿榆木一根圍二尺五寸長一丈八尺

檀木舵牙關門棒二根圍一尺長一丈　杉木蓬秤杠二根圍二尺長二丈

水戧雜木二根圍一尺長二丈　杉槁木四根圍七尺長二丈

櫓四張杉木二根　旗招杆杉木二根　脚跳板二

前後水梘　銃架一座　銃桿三根　水櫥二箇

鋪板二倉　榔頭二　吊桶一　戽斗一　旗櫃一　水牌一

油艌桐油一百斤石灰二百斤　黄麻一百斤

油飾綵畫桐油十斤畨硃八兩　黄丹一斤光粉八兩　蜜陀僧四兩水膠八兩

銀硃四兩石灰十斤　墨煤八兩糯米二升

風蓬一扇青筀竹一百根棕毛三十斤　黄籐二十斤

綷篷一　繫水一（青水竹二百根）　竹挽一

樓（錨纜櫓綳等六件　棕毛二百二十斤）　麻（旗綿貓頭等索九件　共用黃蔴五十斤）

旗號一面（潤白綿布二疋　黃絲綫一錢）　染（槐花二兩　蘇木一兩）　明礬一兩

墨纓頭一（黑纓一斤　紅鹿皮一分）　生挣水牛皮一分

鉄釘浮動物件（大小鉄釘三百斤　櫓脚鐶四箇重一斤）　槁鑽四箇重一斤　鉄挽子一把重八兩

（拐棒鈎六斤　萬字鈎三斤）

玲瓏桅餅（檀木一段圍二尺長一尺五寸　白楊木一段圍一尺長一尺五寸）

本船諸料共該銀　内如有舊木釘

三分扣除實該銀

工食銀

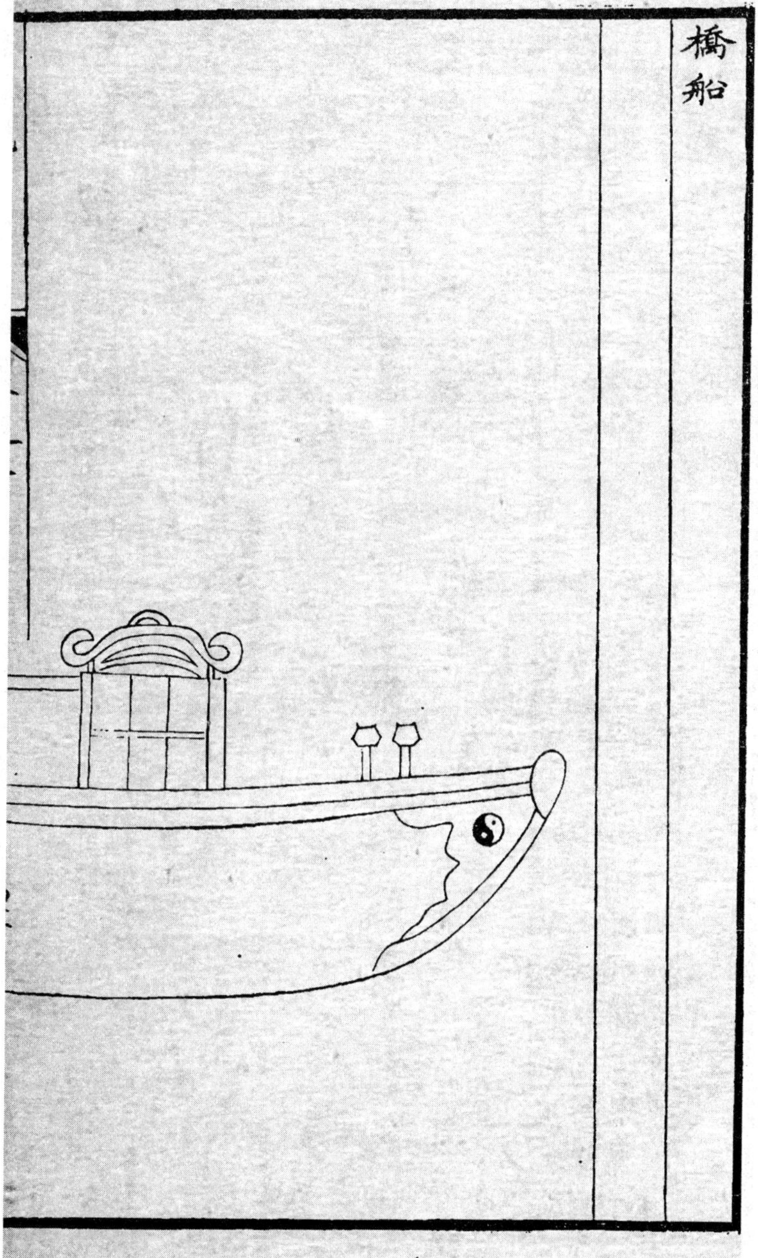
橋船

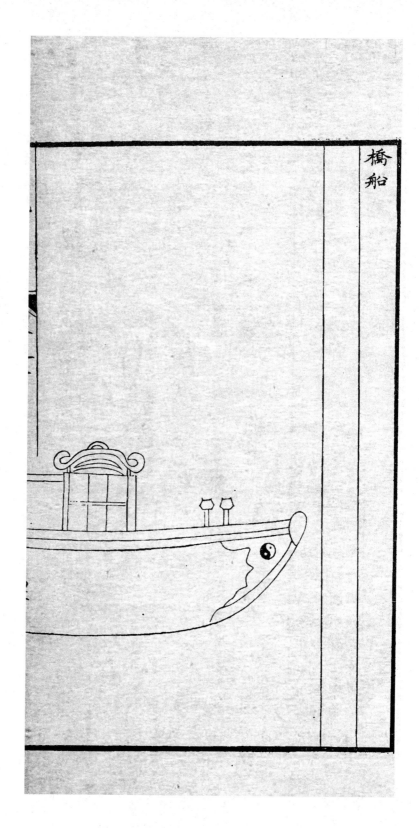

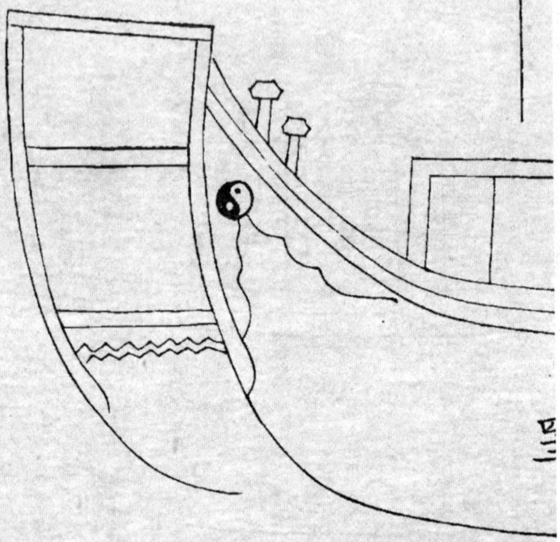

啓按浮橋云者即詩所謂梁是也濟軍之器蓋不止此此其一也有宋嘗命曹彬取江南先令以朗州所造黄黑龍船於采石磯跨江爲梁或謂江深水闊古未有浮梁而濟者宋祖不從卒以成功嗚呼明徵定保梁固用武者所不可已與

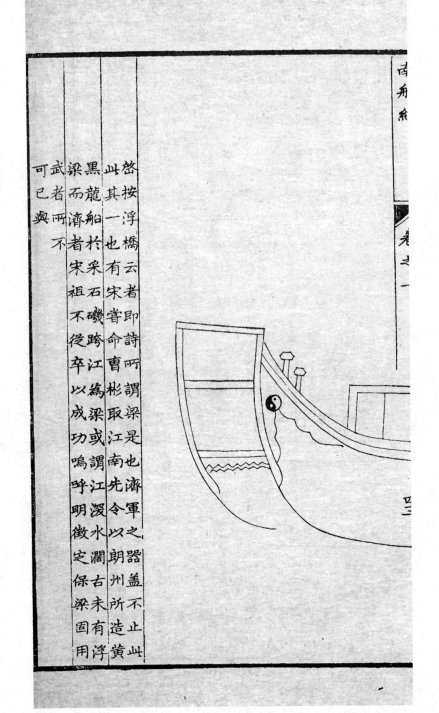

一倉至三倉各長三尺一寸四倉長二尺三寸

五倉長二尺二寸　六倉長三尺一寸

七倉長二尺一寸　八倉至十五倉各長三尺一寸

麆頭倉長九尺　麆梢長七尺一寸

共長五丈九尺九寸濶一丈五尺一寸

正底十一路長四丈四尺濶一丈二尺厚二寸五分

左右帮底拖泥四路長四丈六尺濶九寸厚二寸五分

出水棧二路長四丈九尺濶一尺二寸厚二寸二分　中棧完口四路各長五丈八尺濶一尺一寸厚二寸二分

出脚板二路長六丈三尺濶七寸厚二寸五分　厫堂六路長五丈五尺濶一尺厚二寸二分

伏獅頭一箇長一丈圍三尺五寸　梢伏獅頭一箇長一丈圍三尺五寸

將軍柱四箇長五尺五寸濶三尺　關頭板八塊長一丈濶一尺一寸厚二寸二分

關稍板七塊長一丈厚二寸濶一尺　線梁六座長一丈四尺濶二寸厚三寸

各倉梁頭十五座每座板四塊長一丈二尺濶四尺五寸厚二寸五分

平基板十塊長一丈六尺闊一丈四尺厚二寸五分　鋪頭板五塊長九尺厚二寸二分濶九寸

馬踏板四塊長一丈六尺濶一尺三寸厚二寸五分　官樓土墻板四長一丈三尺厚一寸八分闊二尺八寸

頂板七塊長七尺厚一寸八分濶八寸　前後鎖伏板十五長四尺五厚一寸八分闊一尺二寸

左右拿獅二路長六丈二尺濶七寸厚五寸　左右康木二路長六丈二尺厚三寸濶六寸

龍骨木四路長四丈厚五寸濶六寸　官樓門二扇

鋪板二倉

以上共楠木枒折枋板　根圍三尺長三丈　有舊料減三分

杉槁木四根圍七寸長二丈　雜木水戧二根圍一尺長二丈

水撖二根　櫓頭　扶梯二　戽斗二　水桶

吊桶　水牌

油艙桐油四百斤石灰八百斤　黃麻四百斤

油飾彩畫銀硃四兩水膠一斤光粉一斤糯米四升　二硃四兩畨硃一斤靛青一兩石灰廿斤　黃丹二兩墨煤二斤桐油二十斤

縴籊繫水各一條青水竹五百根　棕繫水一條棕毛一百斤

鉄釘浮動什物大小鉄釘五百四十斤萬字鋦四十箇重十六斤拐棒鋦三十個重十五斤

本船諸料共該銀

有舊木釘三分扣除實該銀

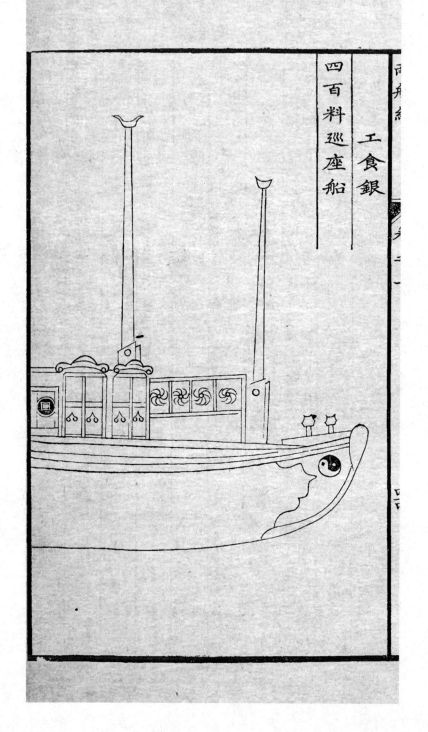

工食銀

四百料巡座船

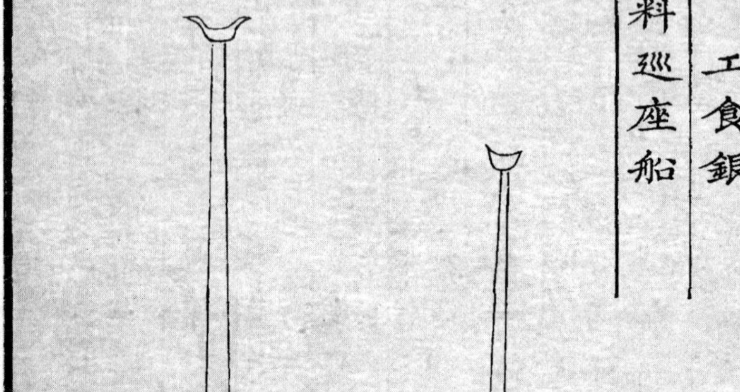

啓按盗賊奸宄治世所不能無國門禦人恒聞屢發而

況長江天際無涯之窟哉廵羅之政不可不講甞聞其

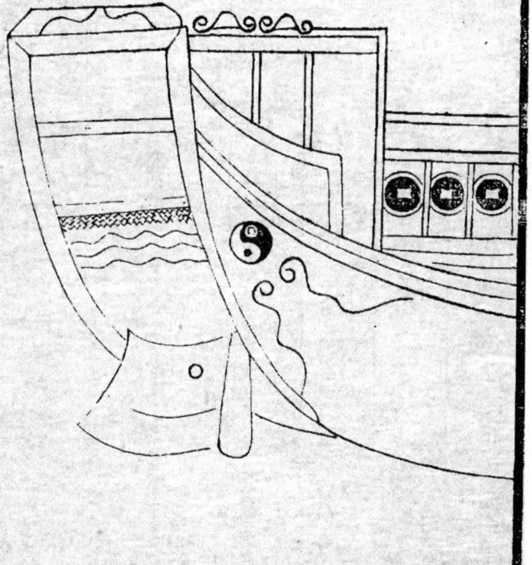

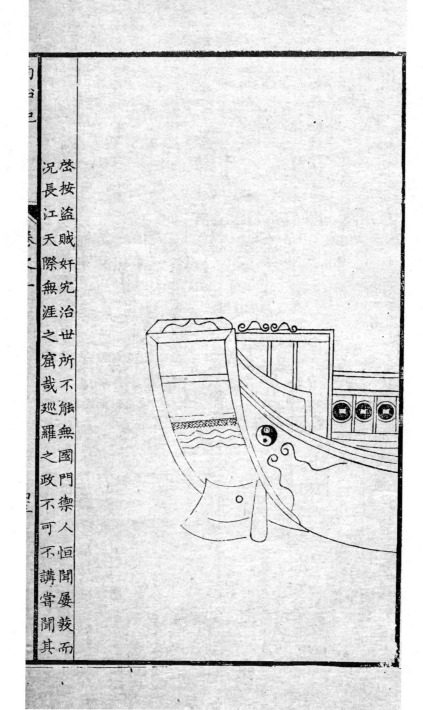

政或據扼要害以探其出没或搜剔荒僻以蒐其埋藏或混雜輳集以覘其嘯傲或隱伏坳曲以幾其閃縮多方緝伺是皆以我之無形致彼之有形也輕橈健棹雲掩星馳猶懼爲其所覺察而何有座船之壯顯反示之有形也哉或總戎以身殉國而欲與士卒分勞而設也果欲令任其勞又不必座船之暇逸也若止欲爲江津壯觀之圖則不貲之費必將啓憂國救時者之經畧

倉口與戰座船同

共長八丈六尺九寸濶一丈七尺

正底十三路 長五丈八尺七寸闊一尺一寸厚二寸五分

幇底二路 長五丈九尺厚二寸五分濶一尺二寸

拖泥二路 長六丈二尺厚二寸二分濶一尺一寸

出水棧二路 長六丈五尺厚二寸二分濶一尺三寸

中棧二路 長七丈厚二寸闊一尺四寸

完口棧二路 長七丈五尺厚二寸濶一尺四寸

插找八塊 長三丈五尺厚二寸濶一尺二寸

出脚二路 長八丈五尺六寸濶一尺一寸厚二寸五分

康木二路長八丈三尺六寸闊八寸厚三寸五分
厫堂六路長七寸厚二寸闊一尺三寸
側口二路長二丈八尺厚三寸寸闊一尺五寸
前側口二路長二丈二尺濶七寸厚二寸五分
羅桂平盤四長三丈五尺六寸闊七寸厚一寸八分
拿獅二路長一丈七尺濶六寸厚四寸
鋪頭板四長一丈一尺闊一尺二寸
關頭板八塊長丈一尺五寸濶一尺三寸
關梢板四塊長一丈厚二寸闊一尺三寸
竈門梁板三塊長一丈厚二寸五分濶一尺
左右草鞋底二長二丈厚一寸八分濶七寸
鋪梢板三長一丈三尺厚一寸八分濶一尺二寸
稍鎖伏板十長五尺濶一尺三寸厚一寸八分
前後鎖伏板四長四尺厚一寸八分濶一尺一寸
挽脚梁一塊長一丈三寸濶二尺厚四寸
伏獅頭一長一丈一尺圍三尺五寸
将軍柱二箇長七尺圍三尺
梢伏獅一箇長一丈圍三尺
車關車耳各長六尺厚五寸濶一尺
龍骨四路長五丈八尺六寸濶七寸厚四寸

官樓頂板十長二丈八尺厚一寸八分濶一尺一寸　平棬樓二座用板十四長九尺厚一寸八分濶一尺二寸

官樓老鼠橋平盤四長二丈二尺濶四寸厚二寸　大桅夾二塊長一丈二尺厚二寸五分濶一尺二寸

小桅夾二塊長七尺厚一寸八分濶一尺四寸　大小帆臼二塊長三尺厚六寸闊一尺二寸

編舵板七塊長三尺五寸厚一寸八分濶一尺四寸　舵夾板四塊長一丈厚二寸濶六寸

櫓梭六箇長六尺濶五寸厚五寸　櫓印子六箇長二尺五寸濶五寸厚一寸五分

梢棬樓頂板六長一丈厚一寸八分濶一尺二寸　梢平樓板十二長一丈二尺厚一寸八分濶一尺二寸

大桅面梁一長一丈六尺濶一尺四寸厚六寸　頭桅面梁一長一丈二尺厚五寸濶一尺二寸

左右土墻二路用板六塊長二丈五尺厚寸八分濶尺二　平樓過梁一塊長一丈三尺濶一尺厚一寸八分

各倉梁頭十七座每座用板五塊長一丈三尺五寸濶一尺一寸　披水板二塊長一丈濶一尺二寸厚一寸八分

篷架三座每座用板四條長四尺濶四寸厚二寸　頭梢護腮四塊長六尺濶一尺厚一寸八分

櫓跳板十塊長七尺厚二寸濶八寸

以上共用楠木　根圍三尺長二丈

杉木　根　根圍三尺五寸長五丈五尺　根圍二尺三寸長二丈五尺

楠木連二三枋　塊塊

杉木連三二枋　塊塊

有舊料減三分

跳板浪漕中路鋪倉用松木十根圍三尺五寸長二丈五尺

櫓八張杉木四根圍二尺五寸長二丈五尺　榆木舵桿一根圍三尺長二丈

杉木頭桅一根圍三尺長三丈　杉木大桅一根圍四尺五寸長五丈五尺

檀木舵牙関門二根圍一尺長二丈　杉槁木十根圍七寸長二丈五尺

雜木水戧二根圍一尺長二丈　水掀二根　榔頭一把

旗哨拈竿杉木三根圍一尺長二丈　杉條木蓬秤扛四根圍一尺長二丈

裝倘大櫃柱子八根長七尺五寸見方四寸　掛腰枋四根長一丈八尺闊四寸厚二寸

橫枋五根長九尺闊五寸厚四寸　左右前中裝板三丈五尺長四尺厚七分

媛槅八扇長四尺闊一尺五寸　雙搽樓柱六根長九尺見方五寸

順枋二根長一丈四尺闊五寸厚四寸　橫箍頭枋四根長一丈闊五寸見方四寸

橫灣梁一根長一丈闊一尺五寸厚四寸　長樓柱子六根長七尺五寸見方四寸

過梁地脚五長一丈闊五寸厚四寸　間枋十八根長三尺五寸闊三寸厚二寸五分

掛枋四根長二丈闊四寸厚二寸五分　挨地平麻力槽枋八十根長四尺闊三寸厚二寸

抱柱十二長六尺闊三寸厚二寸　麻力板十六空每空闊四尺長二尺八寸厚七分

地平三十扇長四尺濶二尺七寸　長槅二十八扇長六尺濶一尺八寸

平門六扇長六尺濶一尺八寸　短槅二十二扇長三尺五寸濶一尺六寸

兩篙板二十二塊長四尺濶一尺七寸厚七分　梢柱十根長六尺五寸見方四寸

過梁五根長一丈四尺濶六寸厚四寸　腰枋五根長七尺濶三寸厚二寸

披水板二路濶三丈二尺長二尺五寸厚七分　五山屏風床一張

桌子一張　銃桿三根　銃架一座　鼓架一座

鎗架一座　衣架一　扶梯五長一短四　灶架一

鍋蓋二　雕受帶三十二條　鼓蓬一　面架一　面盆一

長短雲頭花板十三塊稍樓用　戽斗一　旗櫃一

檯桶水桶浴桶吊桶淨桶各一

以上共用杉木　根圍三尺五寸長二丈五尺

杉木連二枋　塊長一丈四尺闊一尺二寸厚五寸

有舊料減三分

油艌　桐油六百斤　黃麻六百斤　石灰千二百斤

纜縤　棕六件五十七條　棕毛六百五十斤　麻十件十七條　白麻三十斤　黃麻二百十斤

緯纜帶纜各一條　青水竹八百四十根　竹挽

風蓬二扇　青箠竹三百十五根　蘆柴八十束　黃藤七十四斤　毛竹二根　棕毛八十四斤

油飾綵畫　桐油六十斤　黃丹一斤　銀硃二斤　光粉廿五斤　銅青六兩　墨煤十五斤　水膠八斤　二硃二斤　合碌一斤　藤黃一兩　三碌一斤　靛青二兩

蜜陀僧二兩　畨硃廿斤
白麪五斤　瓦灰二斗

鼓一面　纓頭　黑纓二斤　生狰水牛皮三分
紅鹿皮三分　白麻線二兩

槅子　蜊殼八十斤
毛竹二根

旗二面　號帶潤白綿布三疋零二尺
二條黃絲線七錢

染　槐花一斤　明礬十兩
蘇木二兩

玲瓏桅餅仙人掌　白楊木一段圍二尺五寸長一丈
櫃木一段圍二尺五寸長六尺

鐵釘浮動什物　大小鐵釘九百十斤
攀頭二條各長七尺重十二斤

磨骨釘四十個　櫓脚鏍十箇　篙鑽十個
跳板圈二個　鐵挽二把　旗櫃床斗小釘五十

攸蓬圈二個　拐棒鋾五十個重二十五斤
擺錫砲釘四千五百個　萬字鋾六十個重十五斤

本船諸料共該銀　百　十　兩　錢　分　厘　毫內如

有舊木釘三分扣除實該銀

工食銀

二百料巡沙船

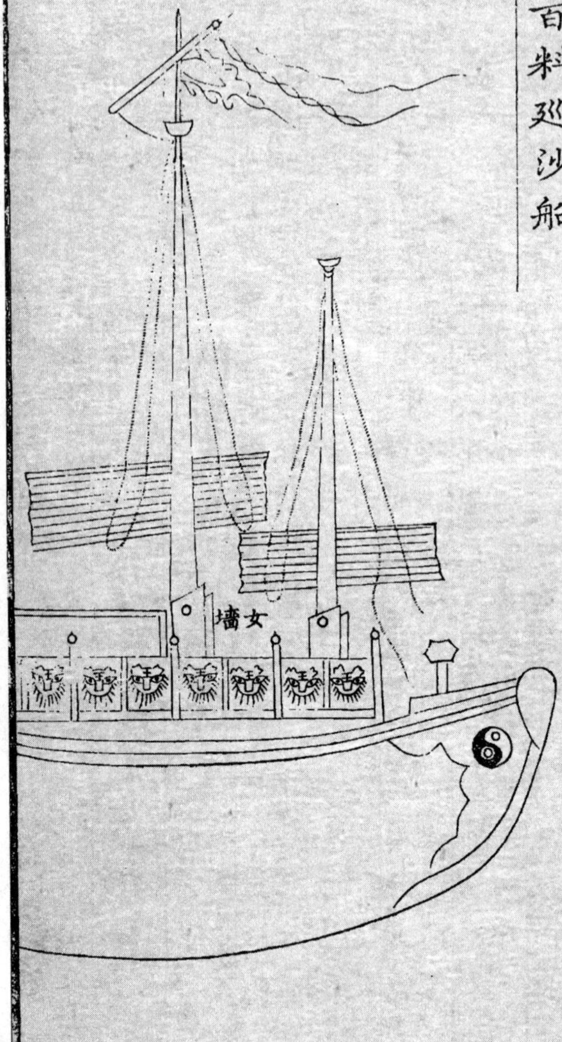

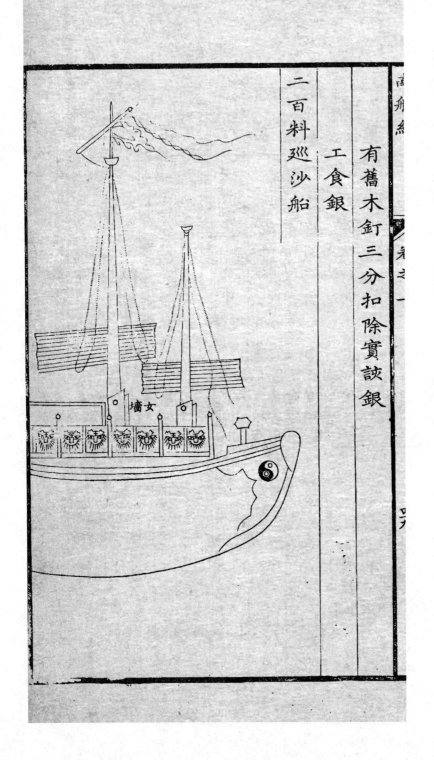

啓按所謂沙船象崇明三沙船式也三沙浮海人長呑天浴日之區艘監為葉履險如夷走船如馬家海門江朝吴暮楚苟驚風立浪之相遭則鼓氣揚眉之有象矣是以率多無良咎之者皆以性成於習而不知器利於用者有以助之巡船式之器亦利矣用器者能以沙船之習習之斯不失為軍國之沙船也中有洞屋足以更

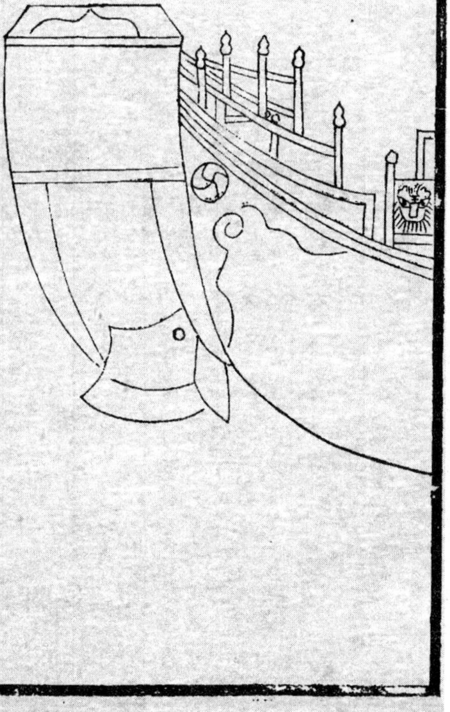

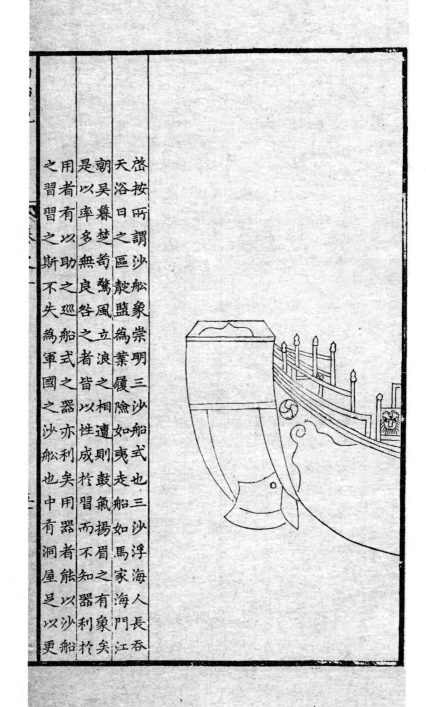

番外有女墻足以間衛義起者云

頭倉長四尺五寸　二倉三倉四倉俱長四尺

五六倉各長四尺五寸　七八倉官樓各長四尺二寸

九十倉各長四尺五寸　虗頭倉長八尺八寸

虗梢長一丈

共長六丈七尺濶一丈三尺六寸

正底十一路長四丈四尺五寸濶九寸厚二寸一分　幇底二路長四丈五尺五寸濶一尺一寸厚二寸一分

拖泥二路長四丈七尺厚二寸闊一尺一寸　出水棧二路長四丈八尺厚二寸濶一尺二寸

中棧二路長五丈濶一尺四寸厚二寸　完口棧二路長五丈三尺厚二寸濶一尺四寸

插找四路長一丈六尺濶一尺厚二寸　出脚板二路長六丈五尺濶九寸厚二寸五分

康木二路長六丈五尺濶五尺厚三寸五分
厫堂六路長五丈四尺濶一尺一寸厚一寸八分
羅桂平盤四路長六丈五尺濶七寸厚寸八分
側口二路長四尺厚二寸濶四寸
閿頭板七塊長八尺濶一尺一寸厚二寸
鋪頭板四長八寸厚二寸濶一尺
孟頭梁一長八尺厚四寸濶八寸
拿獅二路長一丈五尺濶四寸厚四寸
閿梢板四塊長七尺厚一寸八分濶九寸
草鞵底二塊長九尺厚一寸濶七寸
稍後拿獅二長五尺厚五寸濶五寸
灶門梁二塊長七尺厚一寸八分濶八寸
鋪梢板六塊長八尺厚一寸八分濶一尺
綫梁四塊長一丈濶五寸厚三寸五分
面梁一塊長一丈三尺濶一尺三寸厚五寸五分
小面梁一塊長一丈濶一尺二寸厚五寸
千斤板二塊長二丈一尺濶八寸厚二寸
官樓土墻二路長一丈五尺濶二尺厚一寸八分
横梁板一塊長六尺二寸濶二尺厚三寸
官樓平盤二路長一丈五尺闊八寸厚一寸八分

老鼠橋四路長一丈五尺濶五寸厚四寸　官樓鎖伏板九塊長四尺濶一尺厚一寸八分

梢樓土墻二路長一丈七尺厚一寸八分濶二寸五分　左右頂板四路長一丈七尺厚一寸濶一尺二寸

梢樓側口二路長一丈七尺濶五寸厚二寸五分　老鼠橋二塊長一丈七尺濶四寸厚二寸

梢樓面梁二塊長七尺厚一寸八分濶八寸　梢後鎖伏十二長三尺濶一尺三寸

上下舵巾板二塊長九尺五寸濶一尺厚二寸五分　將軍柱一根面梁一塊長六尺厚一寸八分濶一尺

車關車耳共長六尺厚五寸濶八寸　大小帆柏二箇共長六尺厚五寸濶一尺

左右狗腦十塊長二尺五寸濶四寸厚三寸五分　櫓梭四箇長五尺濶四寸

編舵板六塊長三尺厚二寸濶一尺　櫓印子四個長八尺厚一寸五分濶五寸

櫓踵板六塊長六尺厚二寸濶七寸　各倉梁頭十三座每座四塊長一丈一尺濶一尺三寸

蓬架三座用板四塊長六尺厚二寸濶三寸

以上共用楠木并折板枋　根（圍三尺 長三丈）

有舊料減三分

頭桅杉木一根（圍一尺五寸 長三丈二尺）　大桅杉木一根（圍三尺五寸 長五丈五尺）

櫓四張杉木二根（圍二尺五寸 長二丈五尺）　榆木舵桿（圍二尺五寸 長一丈八尺）

檀木舵牙關門棒二（圍一尺 長一丈）　雜木水戧二根（圍一尺 長二丈）

篷秤扛四根（圍一尺 長二丈）　脚踏板二塊

杉木旗哨杆三根（圍一尺 長二丈）　杉槁木十根（圍七寸 長二丈）

榔頭一把　水櫃二箇

裝脩官倉照面倉槅子六扇（長五尺五寸 闊一尺七寸）

上下枋四根（長七尺五寸闊四寸厚二寸五分）　抱柱枋四根（長五尺五寸闊三寸厚二寸）

床面一　上下歡門槅子二扇長四尺闊一尺二寸

左右麻力槽枋四長八尺闊三寸厚二寸　麻力板二槽闊八尺長四尺厚七分

左右遮暘柱子十長四尺闊四寸厚三寸　下脚榪子十個長一尺二寸闊五寸厚一寸五分

遮暘板八空每空闊二尺三寸長八尺五寸厚九寸　稍門二扇長三尺闊一尺七寸

梢闌干二扇杆二根長一丈八尺方三寸柱四根長二尺方二寸　荷葉四個　鋪板九倉

全船水梘　鎗架一座六方　銃桿一根　銃架一座

扶梯一張　戽斗一　水桶一　吊桶一　旗櫃一

木羊頭二　鍋蓋一　水牌一　水挽一

以上共用杉木　根圍二尺五寸長二丈五尺

杉木連二枋　塊　分　有舊料減三分

油艌桐油二百五十斤黃麻二百五斤白麻十五斤石灰

油飾彩畫桐油十五斤黃丹八兩蜜陀僧三兩畨硃二斤水膠三斤墨煤三斤二硃十五兩靛青三兩藤黃二兩三碌十五兩枝條碌五十兩銀硃十五兩

風篷二扇青筀竹一百四十根棕毛六十斤黃藤四十斤蘆柴四十六束

牵䉶二件青水竹三百七十根竹挽二條

樓鎖纜櫓綳等六件棕毛三百七十斤麻旗線箍頭等索九件黃麻一百五十斤白麻十五斤

旗一面號帶二條黃絲線五錢濶白綿布二疋

染蘇木八兩槐花八兩明礬五兩

纓頭一副黑纓二斤紅鹿皮一分白麻線三錢生挣水牛皮一分

釘楄子六扇盤殼十五斤

玲瓏槍餅仙人掌檀木一段圍二尺五寸長三尺白楊木一段圍二尺五長一尺鐵鍋一

鐵釘浮動什物 大小鐵釘四百七十斤 鐵攀頭二條重六斤

櫓脚鏍四箇重一斤 鐵千金四箇 篙鑽十箇重二斤八兩 鐵椀子二把重一斤

拐棒鈎十二斤 釘蝌殼小砲釘八兩 萬字鈎八斤 門鏍一副

本船諸料共該銀　百　十　兩　錢　分　厘　毫內如

有舊木釘三分扣除實該銀

工食銀

二百料一顆印巡船

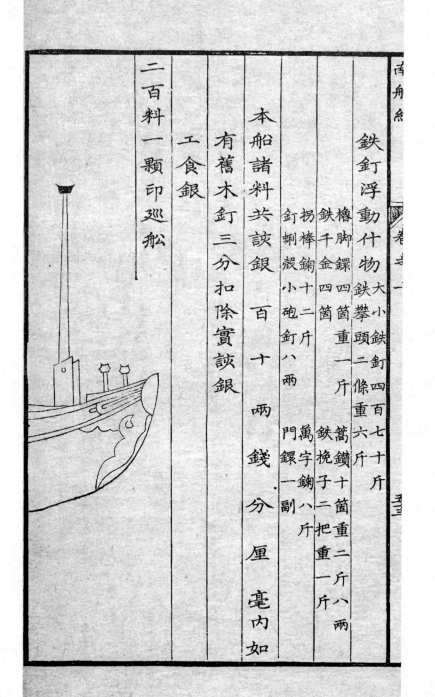

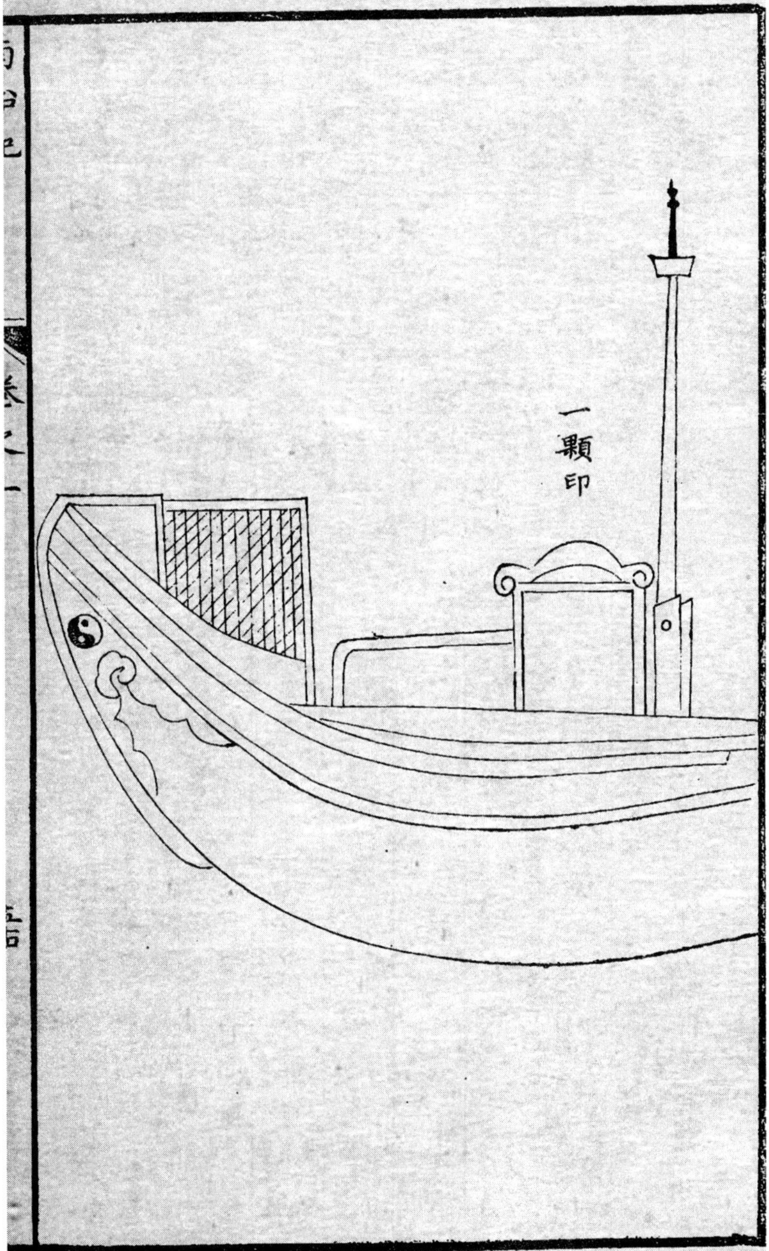
一顆印

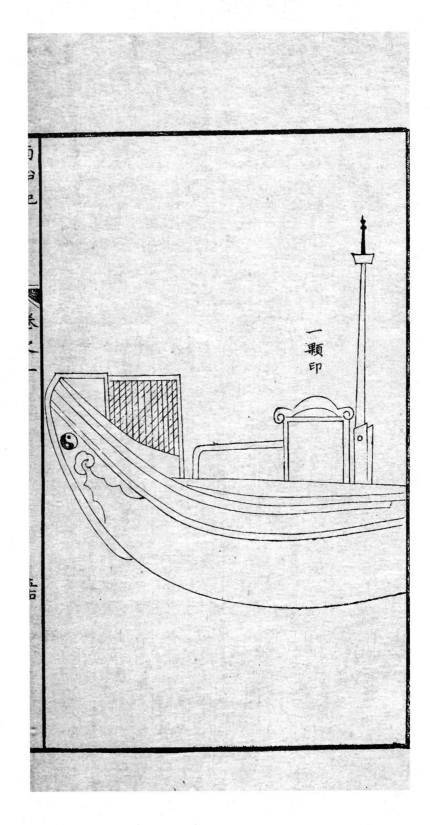

啓按巡船以一顆印印稱前未之聞訊其所以云官倉如印盖象形也較之沙船料同而制稍異嘗竊計之戰船貴大而雄巡船貴小而犍何也戰者與敵為競非大不足以鎮壓之若夫巡者所巡不過城狐社鼠之流辟蠆箸蜂之屬耳諸哨船輕淺船足任之矣今此與沙船俱適當戰船之一等較武者宜不可無等第之殺云

頭倉至四倉各長四尺　五倉至七倉各長四尺五寸

八倉官樓長四尺二寸　九倉十倉各長四尺五寸

虛頭倉長八尺八寸　虛梢長一丈

共長六丈一尺五寸闊一丈二尺六寸

正底九路長四丈六尺闊九寸厚二寸二分　出水棧二路長五丈二尺闊一尺一寸厚二寸

中棧二路長五丈五尺闊一尺二寸厚二寸　完口棧二路長五丈八尺闊一尺五寸厚二寸

插找六塊長一丈八尺闊一尺五寸厚二寸　出脚板二路長六丈三尺闊九寸厚二寸

左右厫堂四塊長六丈四尺濶一尺三寸厚二寸　搪浪板十塊長九尺濶一尺二寸厚二寸

閗梢竈門梁鋪梢盃梢板梁共十六長八尺濶一尺厚二寸

各倉梁頭十二座每座五塊長丈一濶九寸厚二寸　側口二路長四丈厚二寸五分濶六寸

左右康木二路長六丈五尺濶六寸厚三寸　伏獅頭一箇長一丈圍三尺

梢伏獅一箇長八尺圍八尺　將軍柱二箇長六尺

拿獅二路長六丈三尺方四寸五分　大面梁一塊長一丈二尺濶一尺四寸厚五寸

小面梁一塊長一丈濶一尺三寸厚五寸　桅夾板四塊長八尺厚二寸二分濶尺二寸

千斤板二塊長一丈八尺濶八寸厚二寸　櫓跳板四塊長六尺濶七寸厚二寸一分

編舵板夾板共七塊長五尺濶一尺厚二寸　鋪頭板五塊長九尺濶一尺厚二寸

線梁五塊長一丈濶一尺厚一寸五分　上下舵巾板二長八尺濶一尺厚二寸二分

前後鎖伏三十五塊長五尺五寸濶一尺厚一寸八分

以上共用楠木弁折板枋十根分圍三尺長三丈

有舊料減三分

大桅杉木一根圍三尺五寸長四丈五尺　頭桅杉木一根圍二尺五寸長二丈五尺

櫓四張杉木二圍二尺五寸長二丈五尺　舵桿楡木一根圍二尺五寸長一丈八尺

舵牙關門棒檀木二圍一尺長一丈　雜木水戧二根圍一尺長二丈

杉條木旗哨招杆三根圍一尺長二丈　杉槁木八根圍七寸長二丈

裝脩官樓柱二根長八尺見方四寸五分　過梁枋五根長六尺濶六寸厚二寸

壁尺二根長四尺濶三寸厚二寸五分　門二扇長四尺濶一尺六寸厚二寸四分

後梁頭板三塊長六尺濶一尺五寸厚一寸七分　頂板一座長六尺濶六尺厚一寸七分

捲花板二塊長一尺濶七寸厚一寸四分

長樓土墻板二座長文四濶三尺厚寸七分　頂板一座長一丈一尺濶六尺厚一寸七分

後梁板一塊長六尺濶二尺八寸厚一寸七分

梢樓柱四根長六尺方四寸　過梁二根長九尺五寸濶五寸厚二寸五分

桁條三根長四尺五寸方三寸　後土墻板三座長七尺五寸闊五尺厚一寸七分

頂板一座長七尺五寸濶九尺五寸厚一寸七分　銃架一座　銃桿三根

扶梯一張　旗櫃一箇　蓬架三座　脚跳板二

前後水梘　鋪板五倉　榔頭一把　水掀二

木羊頭二　戽斗一　水桶一　吊桶一

鍋盖一　水牌一　水挽一

以上共用杉木　根　分圍一尺五寸長一丈五尺

杉木連二枋　塊長一丈四尺濶一尺二寸厚五寸

有舊料減三分

油艙桐油一百斤石灰四百四十斤　黄麻一百斤

油飾彩畫桐油十二斤水膠二斤　墨煤二斤藤黄二錢　銀硃五兩靛青一兩

二硃五兩三碌三兩五錢　黄丹一斤枝條緑三兩五錢　蜜陀僧一兩

光粉二斤

風蓬二扇青筀竹一百五十毛竹二根　黄藤四十斤稍蓬蘆席廿領　棕毛五十斤蘆柴五十束

杉條蓬秤扛四根圍一尺長二丈

繂篷一條　繫水一條青水竹三百五十根　竹挽二條

棕䌊纜橹綳等六件棕毛三百五十斤　麻旗線箍頭等十件黃麻一百五十斤白蔴二十斤　旗二面䌊帶二條白綿布槐花八兩蘇二疋黃絲線五錢染木八兩明礬五兩　纓頭一副黑纓二斤白麻綫三錢生㸓水牛皮一分紅鹿皮一分

釘槁蜊殼十斤

玲瓏桅餅檀木一段圍二尺五寸長三尺白楊木一段圍二尺五長一尺

鉄釘浮動什物大小鉄釘四百七十斤艪脚鐶四箇重一斤槁鑽八箇重二斤鉄攀頭一條重六斤萬字鉤十斤鉄挽子二把重一斤

本船諸料共該銀　百　十　兩　錢　分　厘　毫内如

有舊木釘三分扣除實該銀　百　十　兩

工食銀

九江式哨船

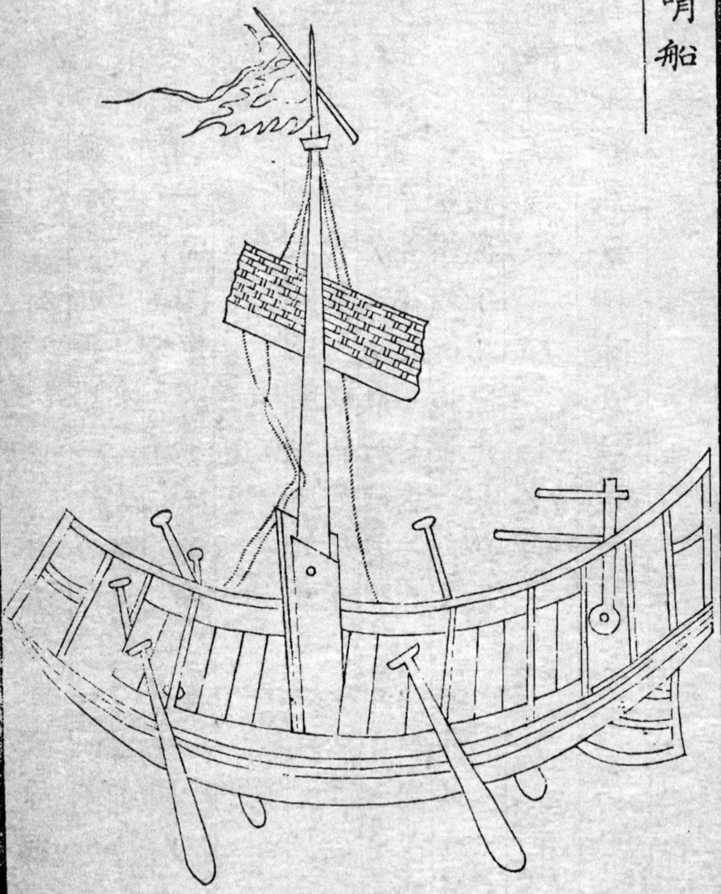

啓按哨字名義不蒙戰陣及考往古戰陣圖書皆無哨名至會典始載神機營有左哨右哨又律䟽載軍衛有罪者義瞭哨即會典所謂哨者觀之左右遊擊之義也即律䟽所謂哨者觀之塾堡覘諜之義也然亦未有名其器者船之名哨實肇於正德之九年比年流賊猖狂東馳西突國狗之瘈無走弗噬海內洶洶東南搖動南京守備操江謀為援察之計故有是設求其江船之宜利於疾速者莫如九江安慶九江者無洞而差長安慶者有洞而差小浪入汩出狎浪驕風豈惟便於伺察為哉使戰陣而庸之則或為向道或為挑戰或為疑兵或為伏甲馬注不利所謂立成器以為天下利非是耶

頭倉至四倉各長三尺一寸　五倉長二尺五寸

六倉至九倉各長三尺二寸　虗頭倉長六尺

虗梢長六尺五寸

共長四丈二尺濶七尺九寸

正底五路長二丈七尺五寸濶一尺二寸厚一寸六分　幇底二路長二丈八尺濶九寸厚一寸六分

拖泥二路長二丈九尺濶九寸　出水棧二路長三丈五尺濶一尺二寸

左右中棧二路長三丈五尺濶一尺二寸　完口棧二路長三丈五尺闊一尺二寸

出脚板二路長四丈濶七寸厚一寸八寸　康木二路長四丈濶七寸厚三寸五分

厰堂四路長三丈三尺濶九寸厚一寸六分　拿獅二路長四丈厚三寸濶五寸

側口二路長三丈厚一寸六分濶三寸　闋頭板六塊長五尺厚一寸六分濶一尺

盂頭板二路長五尺厚一寸六分濶八寸　闋梢板二塊長四尺五寸濶一尺厚一寸六分

插找四塊長七尺厚一寸六分濶七寸　鋪梢板五塊長三尺濶一尺厚一寸六分

面梁一塊長七尺厚三寸濶一尺　将軍柱面梁一長六尺濶八寸厚三寸

前後鎖伏板二十四長四丈五尺濶三丈厚一寸六

各倉梁頭十一座每座用板五塊各長六尺濶九寸厚一寸六分

草鞖底三塊長四尺五寸厚七分濶六寸　伏獅頭一箇長[illegible]尺

将軍柱一個圍二尺長五尺　梢伏獅一箇長三尺圍二尺五寸

上下舵巾板二塊長三尺厚二寸濶七寸　編舵板三塊長三尺厚一寸六分濶六寸

槳扇板四塊長八尺厚一寸四分濶七寸

以上共用楠木并折板枋十根今圍三尺長三丈

有舊料減三分

桅心杉木一根圍二尺長二丈六尺　杉槁木四根圍七寸長二丈

杉木旗哨桿一根圍七尺長一丈五尺　押伏杉木二根圍七寸長一丈五尺

杉木招杆一根圍七寸長一丈　水梘二十根內一根圍一尺長一丈五尺

篷提頭杉條木二根圍一尺長二丈　櫓一張杉木五根圍二尺五寸長二丈

鋪板一倉脚踸一塊砲架一副旗櫃一箇共用松木一根圍三尺長三丈

槐木舵桿一根圍一尺長七尺

槐木舵牙一根圍七寸長四尺　槳四把用杉木五根圍一尺五長二丈

楡木槳椿四根圍七寸長二尺　楠木將軍柱一根圍二尺長四尺

楡木榔頭一個圍二尺五寸長一尺三寸　檀木水橛二根圍一尺長四尺

槳皮條八　戽斗一　水牌一

油艌桐油八十斤　黄麻八十斤　石灰一百六十斤

棕五件棕毛四百八十斤　麻五件黄麻二十八斤

牽䉶一條水竹五十根　竹挽子二條

風蓬一扇　青篁竹三十一根　棕毛四斤　蘆席五領　蘆柴十五束　黃藤四斤　毛竹一根

旗一面　號帶一條　白綿布一疋　染　槐花四兩　明礬一兩

纓頭一副　黑纓八兩　桅餅玲璫四箇

油飾彩畫　桐油三斤　墨煤四兩　沓硃六兩　黃丹一兩

鐵釘浮動什物　大小鐵釘一百八十斤　拐棒鏍十四個重七斤

萬字鉤十六個重四斤　砲架鐵圈四副

小鐵索二條　弓蓬鉤六個

弓蓬圈六个　風蓬鉤六箇

槳鉤八箇　扒頭釘八箇

櫓脚鏍一個　吊舵圈一箇

鐵挽子一把　旗櫃戽斗小釘五十個

鐵錨一重四十斤　鐵鍋一口濶一尺二寸

篙鑽四個　攸蓬圈一箇

本船諸料共該銀　百　十　兩　錢　分　厘　毫內如

有舊木釘三分扣除實該銀
工食銀七兩五錢六分

安慶哨船

大勝関哨船

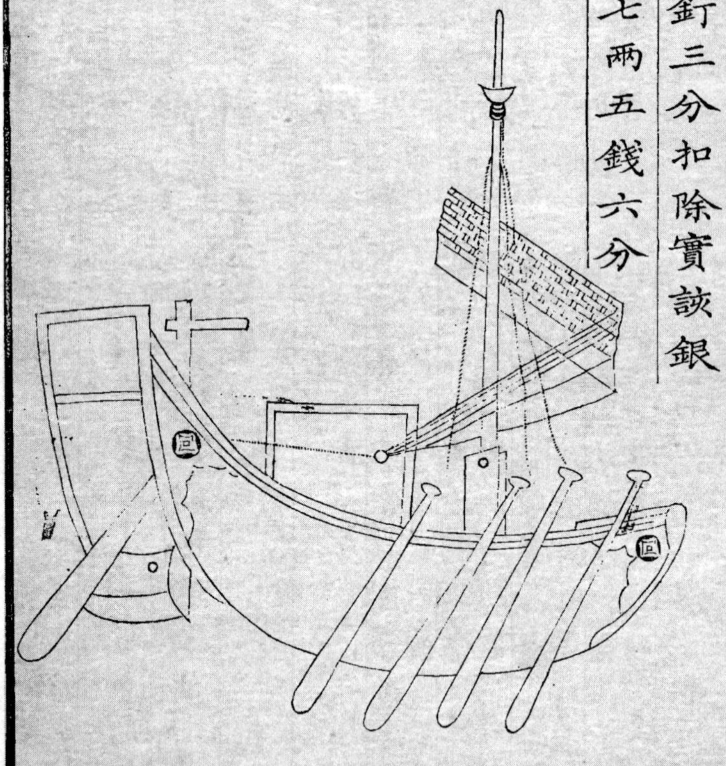

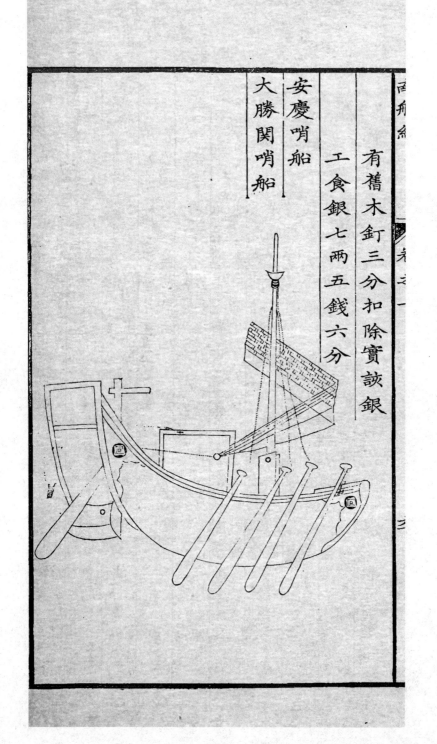

㟁按安慶船疏備前九江船下而所謂大艅關哨船者非別有一式也即此以給候人俾為之守夫関為南都險要長波斷泝譏察非常非是焉濟哉

頭倉至四倉各長三尺　五倉官樓至八倉各長三尺

虚頭倉長六尺二寸　虚梢長六尺五寸

共長三丈六尺七寸闊七尺八寸

正底五路長二丈四尺厚一寸六分闊一尺二寸　幇底二路長二丈四尺五寸厚一寸六分闊一尺

拖泥二路長二丈五尺厚一寸六分闊一尺一寸　出水棧二路長二丈八尺厚一寸六分闊一尺一寸

中棧二路長三丈三尺闊八寸厚一寸六分　完口棧二路長三丈四尺闊一尺厚一寸八分

左右插找二路長一丈厚一寸六分闊一尺　出脚二路長三丈六尺七寸闊一尺厚一寸八分

草鞵底二塊長七尺厚八分闊一尺　厫堂板四路長二丈八尺闊一尺厚一寸六分

裏口二路長二丈八尺濶四寸厚二寸　拿獅二路長三丈一尺濶五寸厚三寸

康木二路長三丈六尺七寸濶四寸厚三寸　關頭板六塊長六尺濶一尺二寸厚一寸六分

關梢板五塊長五尺八寸濶一尺厚一寸六分　竈門梁花板四塊長五尺八厚寸六分濶尺一寸

鋪梢板四塊長六尺五寸厚一寸六分濶一尺二寸　鋪頭板二長五尺厚一寸六分闊一尺一寸

線梁一塊長五尺厚二寸五分闊八寸　各倉梁頭十座每座板三塊長六尺五寸六分闊尺三寸

前後鎖伏板二十長四尺濶尺一寸厚一寸六分　官樓土墻二塊長六尺五寸厚一寸六分闊一尺三寸

橫梁板二長五尺厚二寸濶一尺三寸　上下舵巾板二長五尺五寸厚二寸濶尺一寸

桅夾二塊長四尺五寸厚一寸八分闊一尺　編舵板四塊長二尺五寸闊一尺厚一寸六分

面梁一塊長四尺闊一尺三寸厚三寸　伏獅頭一箇長五尺八寸圍二尺五寸

梢伏獅一箇長五尺八寸圍二尺　前後鎖伏水梘根

将軍柱一個長五尺圍二尺

以上共用楠木并折板枋　根　今圍三尺長三丈

有舊料減三分

桅心杉木一根圍二尺長二丈六尺　杉槁木四根圍七寸長二丈

旗杆杉木一根圍七寸長一丈五尺　杉木哨杆一根圍七寸長一丈

篷提頭杉木二根圍一尺長二丈　鋪倉脚踀旗櫃松木一根圍三尺長三丈

櫓一張杉木五分圍二尺五寸長二丈　槐木舵桿一根圍一尺長七尺

槳栗木八根長八尺　槳水扇八塊楠木一根圍三尺五寸長六尺

槐木舵牙一根圍七寸長四尺　榆木槳椿八根圍七寸長二尺

吊桶一　榆木榔頭一圍二尺五寸長一尺三寸

檀木水櫥二根圍一尺長四尺　戽斗一

水牌一　槳皮條十六

油艌桐油八十斤石灰一百六十斤　黃麻八十斤

頂纜度繂等棕五件棕毛一百八十斤　麻索等四件黃麻三十五斤

繂簟青水竹五十根　竹挽一

風篷一青筀竹三十一根棕毛四斤　黃籐四斤蘆席五領　蘆柴十五束毛竹一根

旗一面號帶一條白綿布一疋　染槐花四兩明礬一兩

纓頭一副黑纓八兩　槍餅玲瓏四白楊木檀木

油飾綵畫銀硃六兩三碌六兩　二硃六兩光粉十兩　合碌六兩墨煤八兩

番硃十二兩黃丹二兩　水膠十二兩石黃四兩　靛青一兩桐油五斤

鉄釘浮動什物 鉄釘一百八十斤 攀頭二條各長三尺五寸 拐棒鋦七斤

萬字鋦四斤 鉡頭四條 帽盔箍二道
方箍一道 鉄螞蝗四條 梢頭磨髈二

櫓箍二道 櫓丁公一個 吊舵圈一
納伏圈六副 槳鋦十六個 槁鑽四箇

槳扒頭十六 旗櫃釘五十 鉄挽子一把
鉄錨一個重四十斤 風蓬鈎一副

鉄索一條長二丈五尺重一十五斤
鉄鍋一口 弓蓬圈六箇 攸蓬圈一個

瓦碗 鋦六個

本舩諸料共該銀十　两　錢　分　厘　毫内如有舊

木釘三分扣除實該銀

工食銀

軽淺便利船

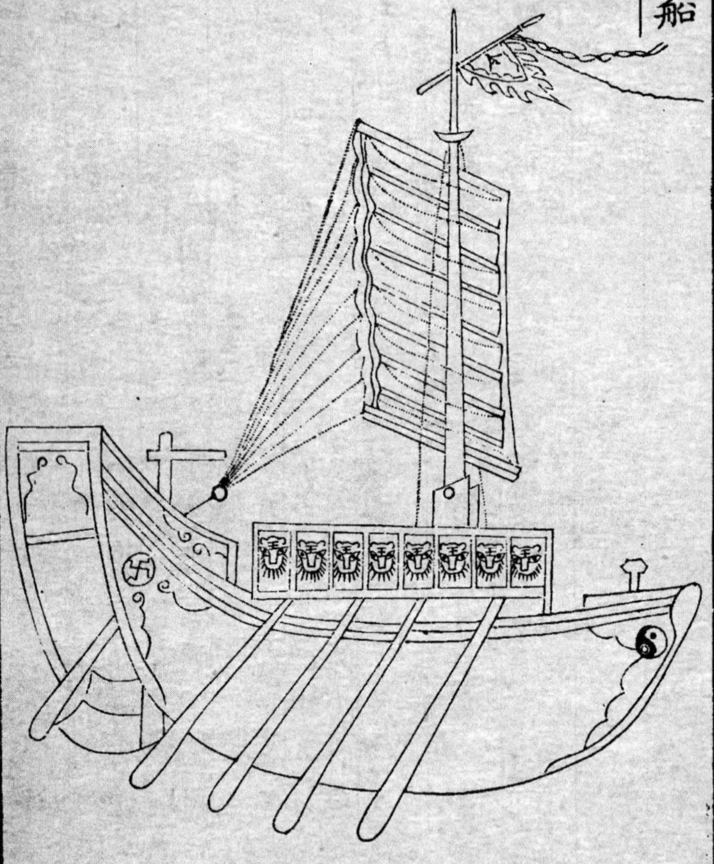

啓按飄揚不滯曰輕浮泛不礙曰淺亨通不括曰利旋轉不勞曰便舩以是名古何做乎劉裕嘗設艇利船北伐取勝則是名之命未為無因考其尺度與一百料戰船同攷其法制與一百五十料戰船同大致法象走舸可以巡可以戰唯夫所以用之夫用船者兵嘗謂兵之不可不利也而切謂器之尤不可不利也何也古人有言曰器械不精以其卒與敵也況夫船之為器所係尤重蓋容一人則一人之命所懸容十人則十人之命所懸容百人則百人之命所懸苟一線之罅不謹則滅項之禍無涯三軍之命唯危而匠氏之心易忽夫所以忽之者特狃於偷惰之私溺於侵漁之習而不知師旅之命係於舉手之下也嗚呼制其心而不使至於忽者誰之責與敢以是為吾督司者告

頭倉長三尺五寸　二倉三倉各長三尺三寸

四倉五倉各長三尺二寸　六倉至十倉各長三尺四寸

十一倉長三尺五寸　虛頭長七尺

虗梢長八尺五寸

共長五丈二尺五寸闊一丈零五寸

正底九路長三丈七尺厚一寸八分濶一尺　幇底二路長三丈八尺厚一寸八分濶一尺一寸

出水棧二路長四丈二尺厚一寸八分濶一尺一寸　中棧二路長四丈六尺厚一寸八分濶一尺四寸

完口棧二路長四丈八尺厚一寸八分闊一尺二寸　插找二路長一丈七尺濶一尺厚一寸八分

出脚板二塊長五丈二尺五寸濶八寸厚一寸八分　康木二路長五丈二尺濶七寸厚四寸

前海漫板五塊長九尺厚一寸八分濶一尺二寸　拿獅二路長五丈濶五寸厚四寸

關頭板六長七尺厚一寸八分闊一尺一寸　鋪頭横板一塊長六尺厚一寸八分濶一尺二寸

将軍柱面梁一塊長八尺厚四寸濶一尺一寸　線梁一塊長八尺厚三寸濶一尺

關梢板六塊長六尺五寸濶九寸厚一寸八分　草鞋底三塊長七尺厚八分濶六寸

鋪梢板五塊長八尺厚一寸八分濶一尺一寸　上下舵巾板二塊長八尺厚二寸濶一尺

皂門梁花板二塊長六尺厚一寸八分濶九寸　土墻二路長一丈七尺厚一寸六分濶一尺五寸

平盤板二路長一丈七尺濶三寸厚一寸八分　廒堂板六路長三丈六尺厚一寸八分濶一尺一寸

前後鎖伏板二十五長四尺厚一寸八分濶一尺一寸

梢後挽脚梁一塊長八尺五寸濶一尺厚二寸五分

側口二路長三丈二尺厚二寸濶五寸　大面梁一塊長一丈五尺厚四寸濶一尺二寸

伏獅頭一箇長六尺五寸圍三尺

各倉梁頭十三座每座板三塊長九尺濶一尺二寸厚一寸八分

將軍柱五個長五尺五寸圍二尺五寸　編舵板四塊長三尺厚一寸六分濶一尺一寸

舵夾板四塊長五尺厚二寸濶四寸　櫓梭三箇長四尺厚三寸濶四寸

櫓三張長一丈七尺濶五寸厚五寸　槳十把用板八塊長八尺厚一寸四分濶七寸

槳印子十箇長八尺厚二寸濶五寸　櫓跳板二塊長四尺厚二寸濶五寸

櫓床板二塊長四尺厚二寸濶四寸　小官樓一座左右土牆二長四尺濶一尺

龍骨二路長三丈厚二寸五分濶四寸　帆桅一塊長三尺厚三寸五分濶一尺

桅夾板二塊長六尺厚一寸八分濶尺一寸　隨船水槐　根

鋪倉板九

以上共用楠木　十根分圍三尺長三丈

杉木　根圍三尺長三丈　有舊料減三分

杉木桅一根圍三尺長四丈六尺　杉槁六根圍七寸長二丈

旗哨杆杉木一根圍一尺長二丈

桅栓舵牙一根　槳椿十（檀木四根圍一尺長七尺）

檀木閂門棒一根（圍一尺長八尺）　槳栗木十六根（圍八寸長八尺）

脚跳板松木　蓬秤扛杉木三根（圍一尺長八尺）

水櫥二　櫥頭一　木羊頭二　戽斗一

裝脩柱子十二根（長五尺五寸見方四寸五分）　順篠頭地脚枋六根（四根長三丈二根長一丈）

女墻門三十六（長三尺五寸濶一尺七寸）　門檔七十二根

銃架一座　銃桿三　扶梯一張　旗櫃一

鼓架一座　鍋蓋一　水桶一隻　吊桶一

水牌一

以上共用楠木　根　分（圍三尺五寸長三丈二尺）

杉木　根　圍二尺五寸長二丈五尺　有舊料減三分

油艌　桐油一百八十五斤　黃麻一百八十五斤　石灰三百六十斤

油漆彩畫　桐油十斤　黃丹四兩　畨硃一斤　蜜陀僧四兩　墨煤一斤　土子半斤

光粉二斤　石黃二兩　二硃六兩　靛花青五兩　水花硃三兩　合碌六兩

水膠一斤

風蓬一扇　青箠竹二百根　黃藤十五　棕毛二十斤

縴䉜一　青水竹一百根　竹捥二條

旗一面　號帶一條　黃綿布一丈　紅綿布三尺

纓頭一　墨纓十二兩　紅鹿皮半分　生𤛓水牛皮半分　麻線二錢

桅餅玲瓏葫蘆頂仙掌　檀木一段圍二尺五寸長四尺

棕頂纜一條　櫓綱三條　繫水一條　度縴一條　吊舵一條　錨纜一條
麻縴索一條　旗索一條　減篷一條　都管一條　迎篷一條
鼓一面　槳皮條十六條
鐵釘浮動什物　大小鐵釘四百二十四斤　拐棒鋦四十個
萬字鋦六十個　攸篷圈二個　攀頭鐵葉二條長七尺　砲頭釘四十箇
鐵挽子二把　小釘二百箇　銃架鐵箍二十八道　老鸛嘴四十個
将軍柱箍三道　槳鈎三十二個　舵桿箍二道　桅箍四道
櫓箍二道　櫓方圈一箇　扒頭釘三十二箇　櫓脚鐶一箇
風篷鈎一副　吊舵圈一個　櫓丁公一個　鼓鈎四副
跳板圈一個　鎖伏圈十箇　篙鑽四個　旗櫃扂斗小釘五十箇

鉄錨一口重六十斤　鎖伏圈十個
鉄鍋一口濶一尺五寸　粗碗十個
鉼頭二條

本船諸料共該銀百十两錢分厘毫内如有
舊木釘三分扣除實該銀
工食銀

後湖金水河船圖數之三

後湖者古玄武湖也今庫之以藏版籍金水河者古燕雀
湖也今堤之以衛
宫廷湖有禁重民數也河有漁薦時鮮也觀之禁之漁知船
之設匪易與濫矣

後湖一號樓船

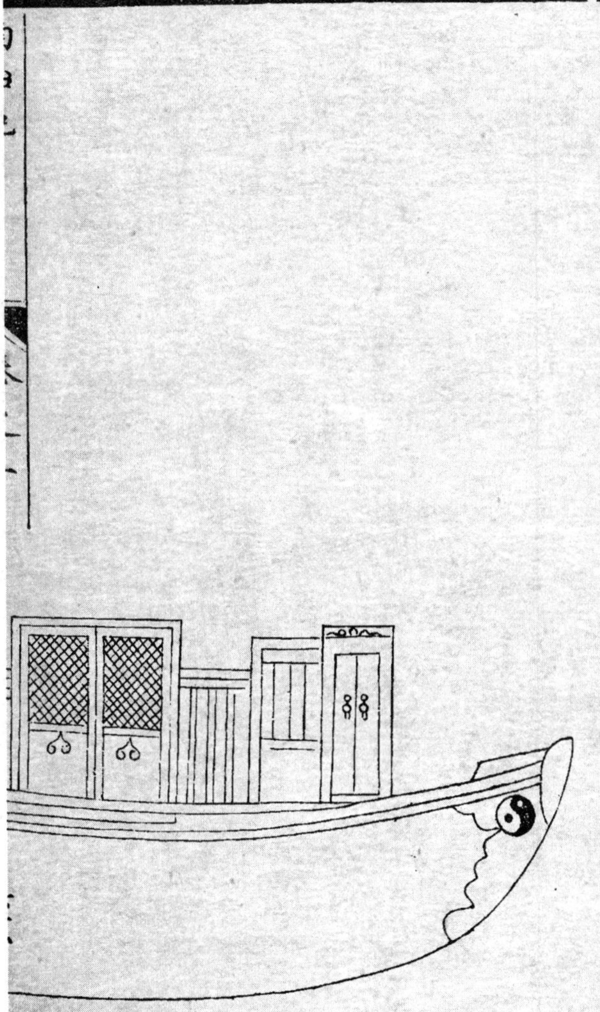

後湖二號樓船

啓按後湖者
皇朝之天府萬方之版宅焉觀其周遭可四十里五洲中峙
如蓬島然昔之國於斯者不爲歌舞之區則爲講武之
地又不然則爲耕耡之藪故有稱爲天然之池有稱爲
建業帶以爲險者而豈若
聖圖遠大爲得剏建之極哉議者謂天造地設以有待寔其
信矣是故
成祖都壯百司盡隨而唯後湖之藏二百餘年雖燕輔北畿
數歲而一登其籍於中者猶一日也未嘗改設謂非萬
世之固奠是過與唯夫浩森淵泓虹梁艱措濟必以船
而船之設有禁令焉何則式之禁也有三帆檣不備櫓
棹不備縴索不備行之禁也有三期非五日不渡官非
監守不渡人非查對匠役不渡鑰之禁也亦有四焉內
府藏之中官守之監生請而出納之户科部司驗之酌
其政而啓閉之其嚴於法者如此嚴其地也樓船二官
所乘也小者舊制大者正德十五年有爲而創備云

頭倉至九倉各長四尺三寸

虗梢長九尺

共長五丈五尺

正底九路長三丈九尺厚一寸七分各濶一尺　幇底二路長四丈厚一寸七分濶八寸

拖泥二路長四丈二尺濶一尺厚一寸七分　出水棧二路長四丈六尺濶一尺厚一寸七分

中棧二路長四丈八尺厚一寸七分濶一尺二寸　完口棧二路長五丈厚一寸七分濶一尺

插找四塊長七尺厚一寸七分濶七寸　閿頭板六塊長七尺濶一尺三寸厚一寸七分

出脚板二路長五丈五尺濶七寸厚一寸七分　厫堂二路長四丈八尺濶一尺厚一寸七分

閿梢板四塊長六尺濶一尺厚一寸七分　灶門梁二塊長六尺厚一寸六分濶八寸

伏獅頭一個長七尺圍二尺五寸　木鎖梁一塊長七尺厚三寸濶八寸

鋪頭板四塊長七尺厚一寸八分濶一尺　側口二塊長二丈六尺濶七寸厚二寸五分

拿獅二路長四尺方四寸　左右土墻二路長九尺厚一寸五分濶一尺

梢樓頂板七塊各長七尺厚一寸二分闊一尺　官樓頂板六塊各長八尺闊一尺二寸厚一寸

長樓頂板七塊長一丈二尺厚一寸闊一尺一寸　左右康木二路長五丈五尺方四寸

草鞵底二塊長九尺厚一寸一分闊七寸　舵扇五塊長三尺厚一寸五分闊一尺

盂頭鎖伏板三塊長二尺五寸闊一尺厚寸八分　梢後鎖伏五塊長二尺五寸闊一尺厚一寸八分

各倉梁頭十一座每座用板三塊長尺闊一尺厚一寸八分

以上共用楠木十根圍三尺長二丈八尺

連二連三枋十二塊

有舊料減三分

榆木舵桿一根圍二尺五寸長一丈五尺　檀木舵牙關門棒二根圍一尺長一丈

杉槁木六根圍七寸長二丈

裝脩柱十八根長七尺方四寸　掛枋地脚枋五長一丈八尺闊四寸厚二寸五分
彎梁橫枋十四長八尺闊一尺厚二寸二分　槅子四十六扇長五尺五寸闊一尺六寸
兩篛板三十塊長五尺闊一尺七寸　地平十八扇各長四尺五寸闊二尺五寸
麻力板十二空每空闊四尺五寸長一尺五寸　麻力槽枋廿四長四尺五寸闊三尺厚二寸
抱廰弃梢左右披水板踏脚一箇床一張捲棲雲頭板六
塊各長八尺闊一尺二寸厚一寸五分
以上共用杉木十一根圍二尺五寸長二丈　有舊料扣三分
油艌桐油一百八十斤石灰四百斤　黃麻一百八十斤
吊舵繚等用棕毛一百斤
鉄釘浮動什物大小鉄釘二百八十斤萬字鉤三十箇重十斤

鉄槁鑽八箇　拐棒鍬二十個重十斤
地平圈六副　鉄挽子二把　門鑷二副

遮風兩日晹篷　青箠竹一百根　毛竹四根　棕毛五十
黃藤十斤　箬葉一百斤

油飾彩畫　桐油五十斤　墨煤四斤　光粉二十斤
二硃一斤　水膠六斤　水花硃一斤
密陀僧四兩　畨硃四斤　黃丹二斤
白麪十斤　枝條碌四兩　靛花青一兩
藤黃一兩

本船諸料共該銀十　兩　錢　分　釐扣舊釘板三分

實該銀十　兩　錢　分　釐

一號船工食銀十七兩九錢七分

二號船工食銀十二兩六錢三分

後湖平船

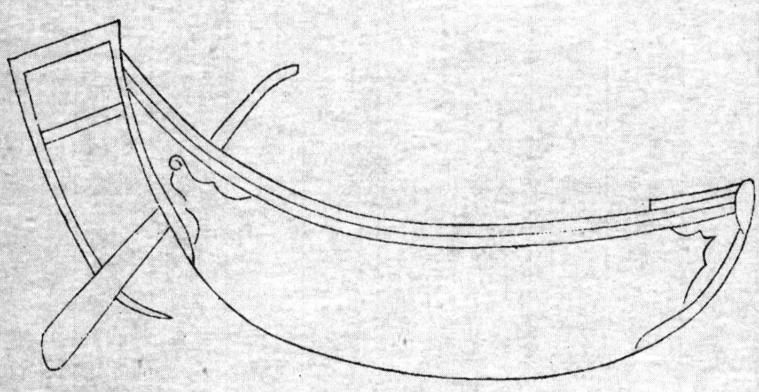

啓按平船所專載者曰冊籍曰查對人曰匠役曰物料其禁令悉備樓船之下

頭倉至七倉各長三尺四寸　八九倉各長三尺五寸

虛頭長五尺二寸　虛稍長六尺

共長四丈二尺

正底五路各長三丈一尺厚一寸六分濶一尺一寸　幇底二路長三丈六尺濶七寸厚一寸

拖泥二路長三丈六尺濶九寸厚一寸六分　出水棧二路長三丈八尺濶七寸厚一寸六分

完口棧二路長四丈二尺厚一寸六分濶一尺三寸　插找四塊長六尺厚一寸六分濶八寸

康木二路長四丈二尺濶四寸厚四寸　關頭板六塊長五尺五寸濶一尺厚一寸六分

出脚板二路長四丈二尺厚一寸六分濶八寸　厫堂四塊長三丈四尺濶八寸厚一寸六分

關梢板一塊長四尺五寸厚一寸六分濶一尺　梢伏獅一箇長四尺五寸濶七寸厚一寸六分

頭伏獅一個長五尺五寸圍八寸　鋪梢板二塊長四尺厚一寸五分闊一寸二分

各倉梁頭十座每座用板三塊長六尺闊九寸厚一寸六分

拿獅二路長四尺二寸方二寸五分　草䑋底二塊長六尺厚九分闊七寸

木鎖梁一塊長五尺厚二寸闊七寸　舵盤板一塊長五尺厚一寸五分闊八寸

以上共用楠木十根圍三尺長五丈

有舊料減三分

鉄釘浮動什物

釘一百十三斤　萬字鋦十六個重三斤

鉄挽子一把　鉄篙鑽二個

拐棒鋦十箇重三斤

油艙桐油一百斤　黃麻一百斤

石灰二百斤

按後湖船有禁諸凡風蓬檣櫓索纜一不敢備應改造者幸毋為卷案所欺云

本船諸料共該銀十　兩　錢　分

工食銀肆兩八錢

金水河漁船

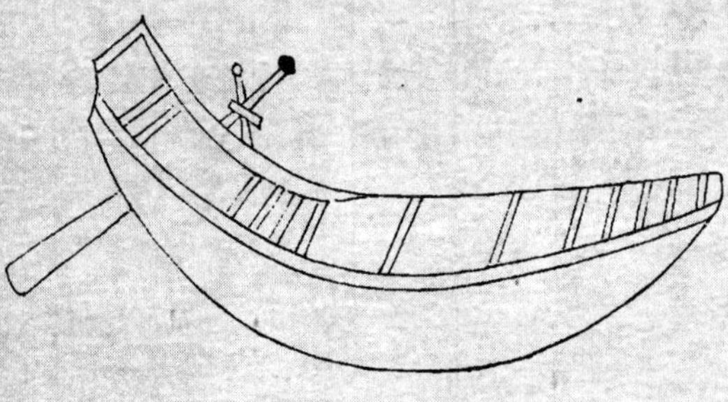

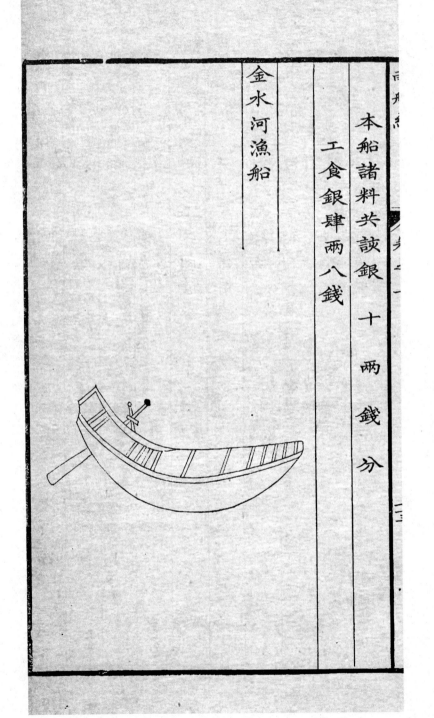

謹按魚船於諸舩中制至小材至簡工至約而其用為至重而至慎也何也漁以致孝享也大内者龍宫之室河廣且深魚之鮮備焉採之以為奉先殿之供聖祖孝思維世之則矣宜其聖聖相承以孝治天下

頭倉至六倉各長三尺　虗頭倉長三尺五寸

虗梢長三尺

共長二丈四尺五寸

正底三路長一丈八尺濶八寸厚一寸　幫底二路長一丈九尺濶七寸厚一寸

拖泥二路長二丈一尺濶五寸厚一寸　完口棧二路長二丈三尺濶一尺厚一寸

㡽木二路長二丈四尺五寸濶七寸厚三寸　插找二路長四尺厚一寸濶

伏獅頭一個長二尺一寸圍二尺　梢伏獅一個長二尺三寸圍二尺

盂頭板一塊長一尺五寸厚一寸四分濶二尺二寸　盂鎖梁一塊長二尺五寸濶四寸厚一寸四分

提梁頭一塊長二尺五寸濶一尺厚一寸四分　闌頭板三塊長二尺五寸厚一寸四分濶一尺

闌梢板三塊長二尺厚一寸四分濶九寸　裏口二塊長五尺厚二寸濶一尺

各倉梁頭七座每座用板二塊長三尺五寸濶一尺厚一寸四分

以上共用

鉄釘五十斤

油艌桐油六十斤石灰一百六十斤　黃麻四十斤

本船諸料共該銀

快船圖數之四

恭惟

南鼎初寧江防専頼

北狩繼遠月貢旋勤竊甞津問關河而知路途若鮮船之害也

又甞道聽駕部而知旗甲苦領船之累也此憂國者每〻形

之論列救急補偏良多裨益即如締造之費觀之兵不足工

繼之工不足户繼之三部調停財不偏匱政足均矣究其所

出詎非

朝廷之入哉未有府庫而非財賦也仰唯

聖明御極之十年下徹民辜悉從南京兵書王公之議貢減其九

之三船去其十之七榜揭穹碑象魏昭布於是軍伍之領駕者蘇驛遞之牽挽者節誠邁

列聖曠百年而嶄見之盛典也比年以来猶以船政爲病得無斯民得髖無厭之心安所覬望也乎或草蟲之感方殷泛舟之役旁午尾雖赬而肩未息也

明明在上未必不可嗣請以光前政茍一分之省則三部之餘又詎非朝廷之財吁本兵者所司也豈敢僭踰惟歲有兼助之費會督之委會督者官之聯故冐及之若夫馬船之政雖與黄船並稱非聯也非聯非職也非職不録

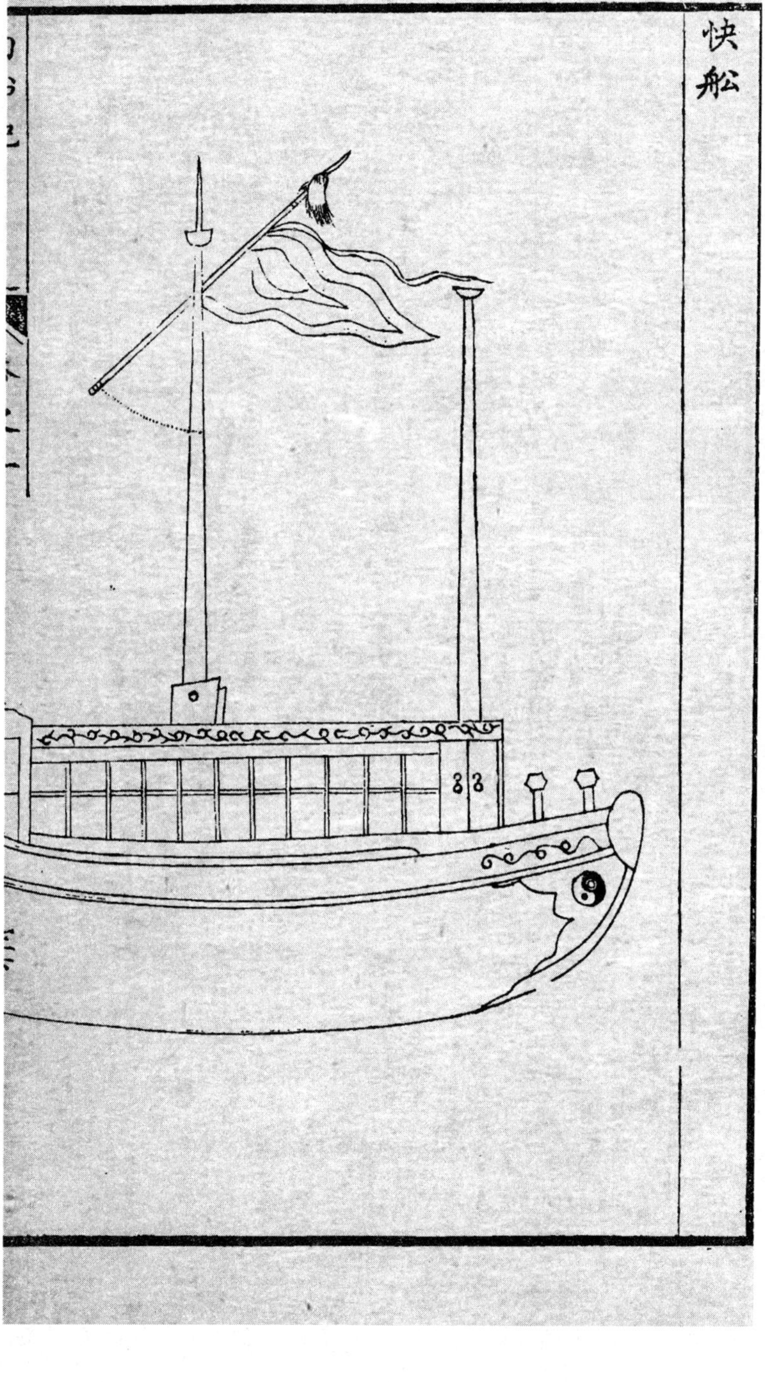
快船

啓按快船者專供南京貢獻之政令如鮮藕新茶青梅枇杷榴柿柑橘冬笋橄欖凡八起守備所進也用船五十三今裁而十矣天鵝諸禽風鯽芥菜鵞雞鴨蛋鮮笋鮮乾鰣魚蜜煎糖糟菜菓凡十起尚膳監所進也用船五十七今裁而十二矣荸薺刀荳薑芋十樣果凡十起司苑局所進也船二十六今裁而十二矣鮮茴栗子凡二起

神宮監所進也用船五香稲凡一起供用庫所進也用船二

制帛凡一起司禮監所進也用船三各色紵絲羅綾凡一起內織染局所進也用船四誥勑符驗軸凡一起印綬監所進也用船一白哨鹿皮凡一起巾帽局所進也用船四楊梅凡一起內宮監所進也用船四此皆一歲一進而有限者也冬衣綿布二起針工局所進也船無定數黑扇簸箕笊籬篩箒烘籃及戧金雲龍膳桌銅器凡二起內宮監所進也船無定數此皆驗數驗裝而有期者也又若承天瑠璃之運磚瓦之運亜土之運則皆一時之興作而非著之常典者也此固船所必用而歲造之不容已者焉其制畫一料無高下謹稽兵部造船廠工度而列之於左

一船倉尺寸 出造船廠碑

前五倉 共長一丈六寸每倉濶三尺底濶五尺四寸橫濶六尺

中四倉 共長一丈三尺六寸每倉順濶三尺四寸裏口濶六尺四寸

神堂倉 順濶三尺橫濶四尺八寸 下官倉二 共五尺五寸 八尺倉 三尺九寸

以上各倉口要濶廳堂要窄

一船身尺寸

底心長四丈二尺六寸濶九尺六寸　梁頭濶一丈二尺六寸

插頭虗板長一丈三尺四寸　插梢虗板長一丈三尺三寸

以上梁頭十四座頭尾共長六丈九尺三寸

一板厚薄

底心梁頭搪浪板三樣俱二寸二分下鋸二寸淨

兩廒兩棧加揆板三樣俱二寸下鋸一寸八分淨

一匠作工價

大木匠工銀八兩　艙作工銀七兩

鋸匠工銀三兩無底者四兩

平船艙作工銀六兩五錢

平船細木作工銀一兩五錢

畫作工銀二錢　　油作工銀三錢

以上顏料各匠備桐油各甲備

一大小風蓬二合價銀二兩有提頭梯子者加銀五錢

裁革船圖之五

器以利用制以趨時昔之所在物不得而違焉故因革損益君子亦唯隨時以盡變通之利而已何也利也者時之所便而安者之謂也或有利於古而不利於今者君子從而革之非君子有心於革也利之窮也或有不利於今而利於後者君子從而興之非君子有心於興也利之通也是故因之昔者未必不爲今之革革之今者未必不爲後之因裁革船三亦夫是而已矣向使其不利也於何舉之使其利也於何廢之故曰時也是存其制以俟達時通利者

海船

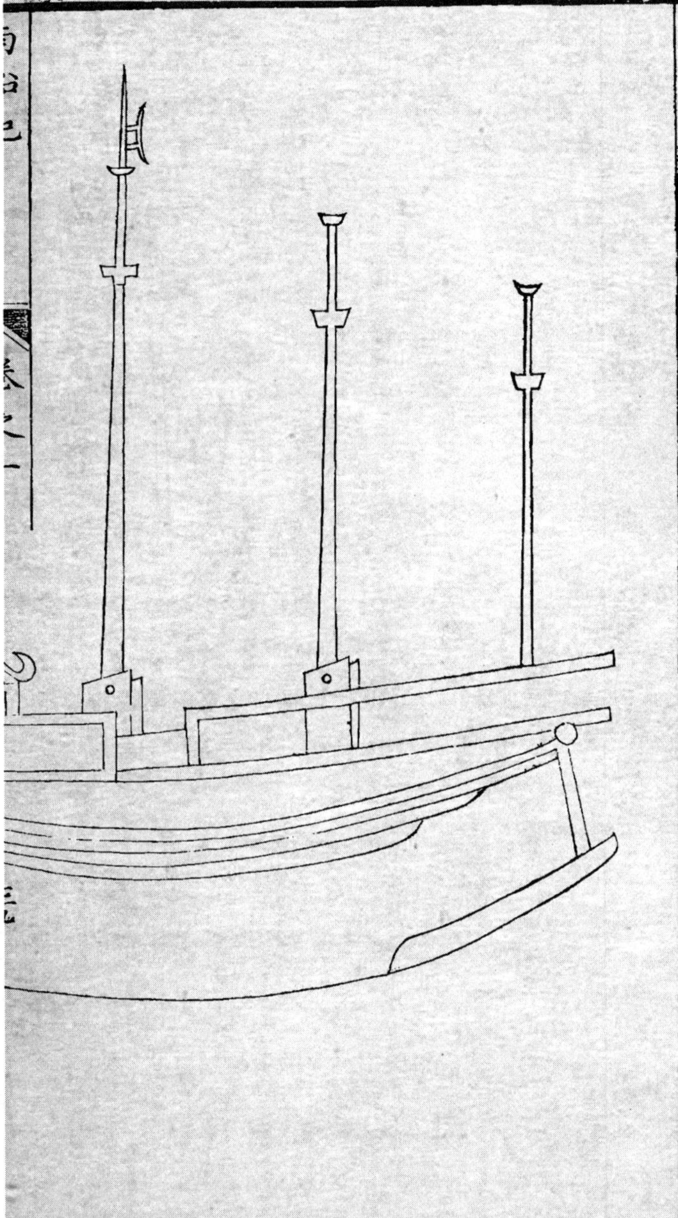

啓按海運船元制也元世賴之我
明承之
太祖用餉遼東
成祖用足京廩至十二年會通河成其運始罷其船改運布

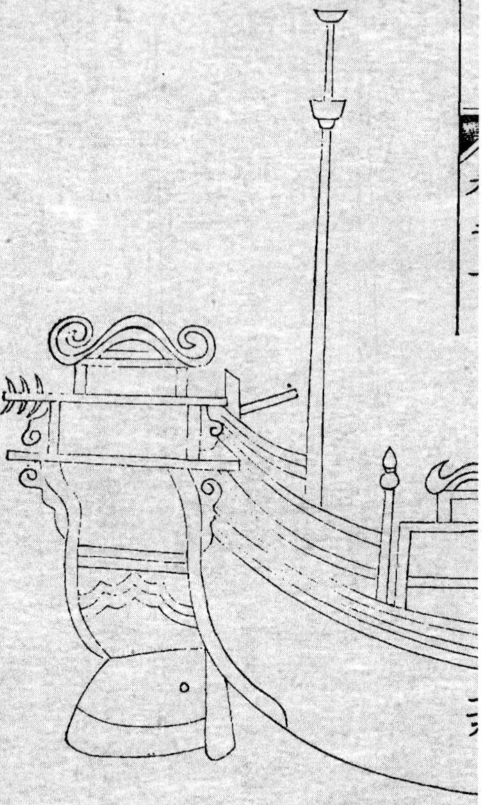

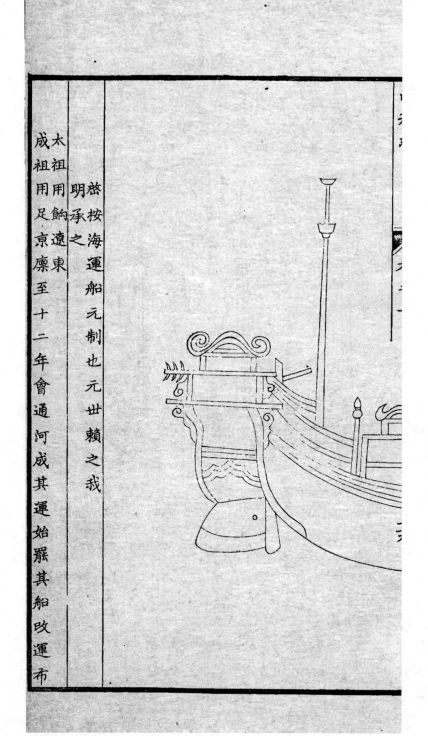

花正統間以餘船備寇正德間
題止海船於是乃單矣單之誠是也而天下之議者未已
容無所述嘗聞其為海運不可行之說者三有曰九厲
也視華為仇懼華之隱海濱者為變故設此以覊其心
用其力而輕棄其命也今天下皆赤子寧忍自驅赤子
以冒不測之險哉此謂不可行者一說也有曰海運由
崇明開洋不旬日而抵直沽者尚矣今沙漲變遷直沽
以下淤淖幾二百里萑葦彌天芥舟不渡運而抵此大
船無所停泊小船不能接濟緯莫為力浚莫為工此謂
不能行者二說也又有曰惠通閘沮治無不通萬一艱
難懷慶祥符之故道猶存其去衛河七十里耳飛輓無
難此謂不必行者三說也其為可行之說者亦有三有
曰河運煩勞不若海運之簡速會計其費河視陸省十
三四海視陸省十八九此計其利害而謂其可行者一
說也有曰河害非虞惟夫治久蘖生一旦有如往年流
賊奔突東西則灸背薰心之疾也惠通有梗祥符能獨
利哉此論其常變而謂之當行者二說也有曰登青淮
海鹽販為生兩浙閩廣商掠為業蓋華而夷者也其間
寧無堪用之才使招而試之各隨土著道其險要豈唯
可以集事亦化暴為良之機也此即人事而謂之能行

者三説也嗚呼諸説是非各有輕重夫謂海之不可行者漕政録有見會通之利也謂海之可行者衍義補習知海道之故也人多以此咎文莊啓天下紛更附和之談不知文莊未嘗言廢河而任海也亦未嘗言河海今任其事也特以先事之圖欲乘閑暇習船一二俾知海道以濟意外分毫之急云雖然近又竊有聞焉聞之旁海間有支河由海州入東安衛抵靈山通馬家濠可避劉家島大洋之險又由馬家濠至海滄口新河四百里可避蓬萊黒水之險取道間行舟穩而捷是又一會通而更便者也唯其導泉引水決河立閘之工所不能無蓄洩築濬而成其功侈之者尤謂其有三利噫三利未足言而前之六説可無勞於聚訟矣是故海船未可輕廢乃即職掌之工料匠氏之圖形條述之以備爲國憂民者考焉

一千料海船

杉木三百二根　雜木一百四十九根

楠木二十根　榆木舵桿二根

栗木二根　櫓梭三十八枝

丁線三萬五千七百四十二個　雜作一百六十一個條

桐油三十二斤八兩　石灰九千三十七斤八兩

艌麻一千二百五十三斤三兩二錢

船上什物絡麻一千二百九十四斤棕二千一百八十三斤十二兩黃麻八百八十五斤白麻二十斤

四百料鑽風海船

杉木二百廿八根　桅心木二根

雜木六十七根　鉄栗木舵桿二根

櫓坯二十根　松木五根

丁線一萬八千五百八十個　雜作九十四個條

桐魚油一千一斤十五兩　石灰三千五斤十三兩

艌麻七百二十九斤八兩八錢

船上什物絡麻五百七十四斤十四兩四錢　白麻十斤
黃藤三百八十三斤六兩　棕毛七百三斤

蜈蚣船

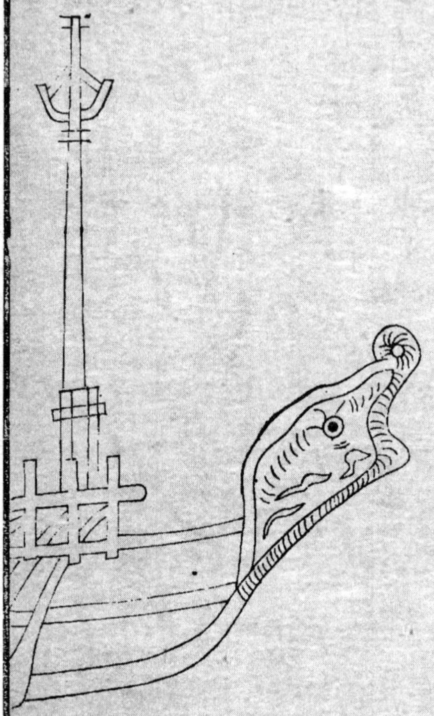

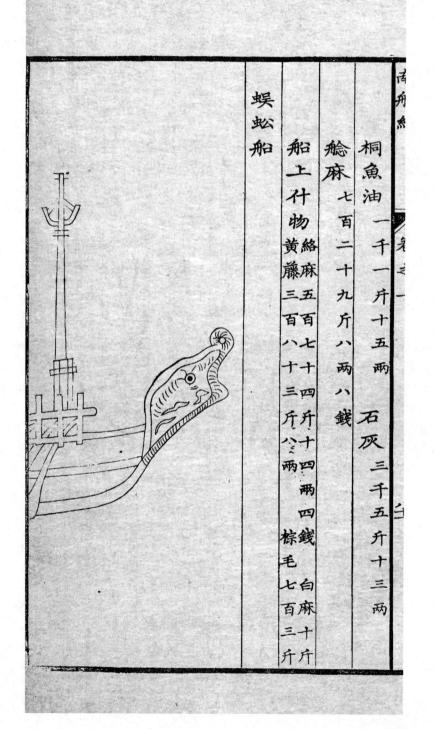

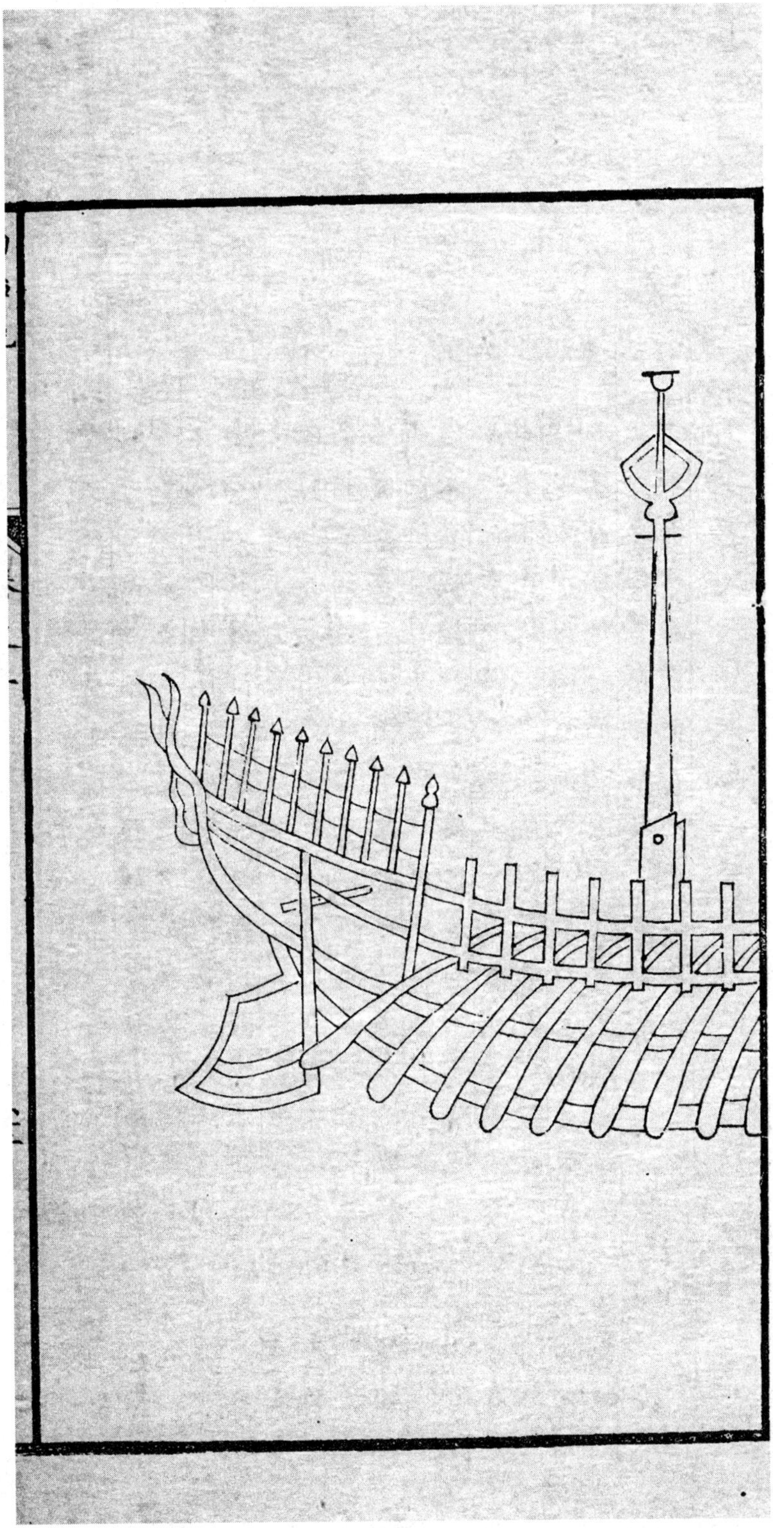

啓按船曰蜈蚣象形也其制始於東南夷專以駕佛朗機銃銃之重者千斤至小者亦百五十斤其蔟之烈也雖木石銅錫犯無不碎觸罔不焦其達之迅也雖奔雷掣電勢莫之疾神莫之追蓋島夷之常技也浸循流入中國中國因用之以馭夷狄諸凡火攻之具砲箭鎗毬無以加諸故江防是船特為是器而備其成造也嘉靖之四年其裁革也嘉靖之十三年數年之間未及一試而真知其功用之大也即近日海變而觀之窮孽潜滋命將致討鋒未及交而群醜悉斃於茲銃薄震之下誠哉猛烈矣乎宜其於船無不可駕而此必歸之蜈蚣船者何耶嘗見兵家者流於凡戰陣營壘無不侈言之以張大其威靈故古之為陣者有曰天地風雲龍虎鳥蛇蛇之一局獨舉而誇其首尾相應之勢未有及於蜈蚣者也今夷人以是名船形之製也式穀似之蔦雅川曰蜈蚣之氣能逼蛇夷之制義毋迺為是故與夷而知此亦不可不為之所也嗚呼海宴河清萬世所願使長蛇之勢不能盡偃則蜈蚣之制其能不與也乎名器尚存述之以俟

船身共長七丈五尺闊一丈六尺

正底一路長三丈九尺連接　前巾一路長一丈八尺連接

後巾一路長一丈四尺連接　幇底拖泥棧板二十二路外左右

拖泥棧板六十片內左右　左右康木二路長八丈

左右厫堂二路　龍骨十五根

關梢板六塊　上下舵巾二塊　帆栒二塊一

彎梁四十二座　使風梁一座高六尺五寸長一丈六尺

前龍口梁一座　後斷水梁一座

過梁拖梁二十二根　頭桅面梁一塊

大桅面梁一塊　箍頭枋六根

側口枋七塊　順水平盤六塊

左右遮腸柱二十三根　左右遮腸板四十塊
戰臺柱子弁過梁四十三根
戰臺上下枋八根　戰臺板三十五塊
梢樓柱十五根　梢樓頂板十五片
左右扛板　大桅夾二塊
頭桅夾二塊　舵夾板二塊
桅栓一根　中路鎖伏板一路
官樓頂板　倉內鋪板四十片
舵扇板四扇　大桅杉木一根圍四尺五寸長六丈
頭桅杉木一根圍三尺長四丈五尺　七星桅杉木一根圍二尺長二丈

櫓十八張杉木九根圍二尺五長二丈五　旗竿杉木二根圍一尺長二丈

舵桿一根　舵牙關門棒二根

杉槁木十根圍七寸長二丈　架銃将軍柱二根

扶梯六用杉木二根圍二尺五寸長二丈五尺　桅車心絞舵

榔頭　水擸二箇

桅餅玲瓏仙人掌等檀木一段白楊木一段

以上共楠木

前遮腸生水牛皮三張　蘆柴五十束

油艌桐油六百斤石灰一千二百斤　黄麻六百斤

油飾彩畫
桐油四十五斤　石灰四十五斤
黃丹一斤八兩　光粉四十斤
蜜陀僧三兩　土子一斤
水丹十五斤　墨煤六斤
糯米四升　銀硃二斤八兩
畨硃三斤　二硃三斤
漆黃三斤　靛花青一斤
合黃三斤　三碌三斤

風篷二扇
青筀竹二百十根　黃藤四十斤
棕毛五十五斤　杉條篷秤扛四根

錨頂纜度縴吊舵
棕毛六百三十斤　白蔴二十五斤
黃麻二百五十斤

縴簟
青水竹四百五十根

櫓綳
黃藤十八斤

鼓一面　銅金一面

黃布旗二面
號帶二條

七星旗一面
號帶一條

五方旗五面　梢幃幔一副　斗衣二副

白綿布二十四疋　黄絲線一两五錢
青絲線一两五錢
染　槐花二斤　蘇木六两　明礬八两
靛青二十五斤　陳灰二十斤
纓頭　黑纓十斤　生挣水牛皮五分
紅纓一斤九两　紅鹿皮五分
白麻線三两
鉄器　大小釘一千六百斤　鉄葉四十四條
櫓脚鐶十八副　櫓丁公十八個
鉄挽子二把　將軍柱鉄箍二道
鐫鑚十個　鉄錨二口

两頭船

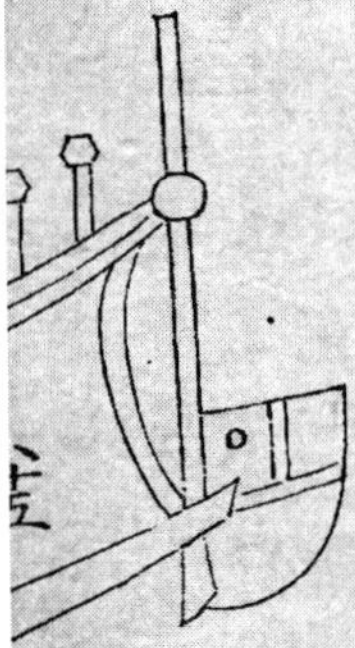

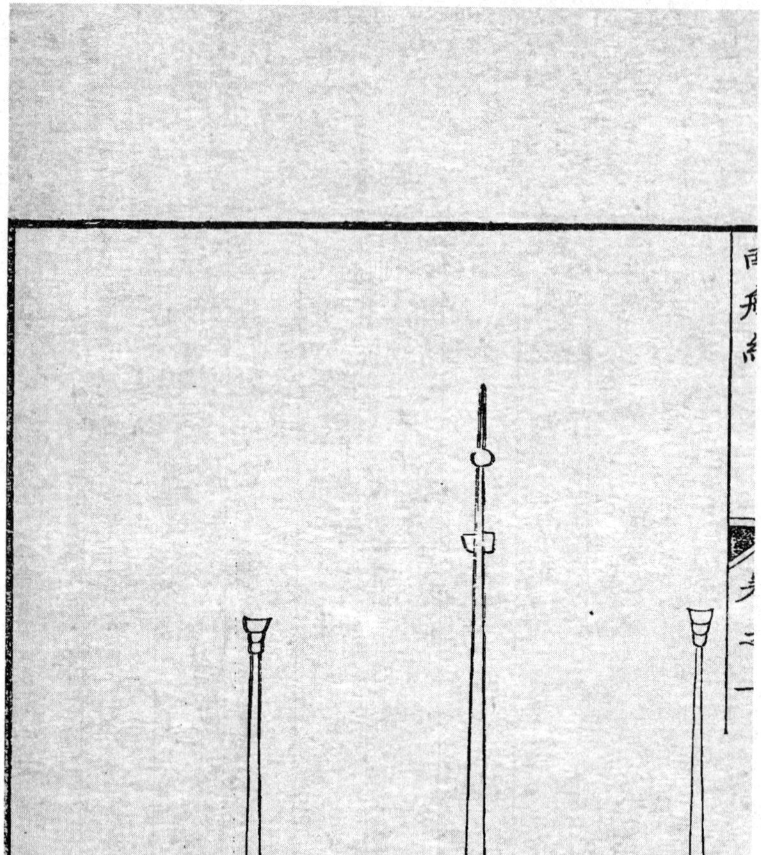

啓按大學衍義補有兩頭船之說蓋爲海運謀船巨遇風懼難旋轉兩頭製舵遇東風則西馳遇南風則北馳海道諸船無適其利稽之戰船卷牘亦有是名裁革已久惜未親見其式果於江防利乎否也嘗謂武備不嫌於多慮患不妨於遠莫爲之前猶將求之而況爲之前者有未泯乎觀於補云於海且利則其在江湖浸瀆宜無不利也茲因未泯者而圖之以托存羊之意

各工料無稽

八世孫守義謹錄

南船紀卷之一 終

南船紀卷之二

吴江沈𡻕子由著　八世孫守義重鐫

一黄船因革數目例之一

會典國初造黄船制有大小皆爲

御用之物至洪熈元年計三十七隻正統十一年計二十五隻常

以十隻留京師河下聽用成化八年本部奏

准照快船事例定限五年一脩十年成造其停泊去處常用厰房

苫葢軍夫看守

工部條例凡留京預備

黄船一十隻例該五年一脩十年一造如遇該脩造之年官軍

領駕咨送本部劄付督造主事督同提舉司官吏匠作料計
合用物料會有者行龍江抽分竹木局等衙門關支會無者
行拘上江二縣鋪户買辦給作脩造遵照
欽限完工仍付原差官軍領駕料價支蘆課工食支匠班銀兩
又凡南京各衛永樂年間額設大
黄船二十四隻内渡江幷千料遠年朽爛在塢不該脩造船九
隻止有一十五隻又設小
黄船三十六隻俱照例五年一脩十年一造先年該修理者就
行督造主事幷提舉司官吏匠作會辦脩理該造者結申到
部

奏行工部轉行本部覆查明白奏奉

欽依然後改造正德十四年該南京外守備衙門題

准今後大小

黃船例該改造者南京工部委官覆勘明白即便會計工料

奏行本部轉行成造不必覆查回奏其會有會無物料工價俱

同前

計開

北京預備大　黃船十隻

通州左衛二隻俱三百料

通州右衛二隻俱四百料

神武中衛六隻四百料四隻　三百料二隻

南京大黃船一十五隻四百料十隻　三百料五隻

俱南京水軍左衛旗軍領駕內二隻嘉靖十八年改作香膳船

南京小黃船三十六隻二百料七隻　一百五十料七隻

一百二十料十隻　九十五料一隻　一百料八隻　八十五料三隻

南京金吾前衛一隻　金吾後衛一隻

水軍右衛三隻　廣洋衛五隻

龍江左衛五隻　錦衣衛三隻

龍虎左衛四隻　江陰衛五隻

虎賁左衛一隻　豹韜左衛一隻

橫海衛一隻　留守右衛一隻
留守後衛一隻　和陽衛二隻
旗手衛一隻　龍江右衛一隻

匾淺　黃船因革數目例之二
卷查匾淺船專為進
貢薦新之用先有二百料匾淺船三十隻成化三十三年俱因
朽壞拆卸停造正德十四年外守備衙門會議大船延塗閣
淺不便進鮮
題咨到部議處先行料船十隻脩行督造主事督令龍江提舉
司造完十隻給與南京錦衣等衛小甲領駕其脩造工料比

小　黃船間有多寡

船十隻俱二百料小甲私增物料以致反大

錦衣衛一隻　　羽林衛一隻

金吾前衛一隻　　金吾後衛一隻

府軍左衛一隻　　留守右衛一隻

留守前衛一隻　　豹韜衛一隻

水軍右衛一隻　　鷹揚衛一隻

戰巡等船因革數目例之三

會典新江口戰船永樂五年額設一百三十一隻宣德以後

增至三百一十九隻至成化十年堪操者止有一百四十隻

折卸未造内三四百料俱改造二百料快舡

工部條例凡新江口戰船原額一百七十八隻划船三十七隻三板船三十隻巡船九十隻擺搭浮橋船五隻正德九年

奏添哨船一百隻造完九十七隻除正德十五年行取四十隻赴京現在五十七隻通共三百九十七隻該五季一脩十年一造先年修理物料以五分為率官出三分軍出二分成化二十三年南京内外守備

題稱會同南京工部議得巡船衝冒風浪易於損壞比之戰舡不同除脩理戰船仍舊照依原議事例遵行外其見今及以後巡船并在船浮動什物但遇損壞俱行文南京工部給官

料脩理如各官軍不行看守用心撑駕以致不久損壞并遺
失器具者痛加懲治追陪等因
卷查嘉靖十三年為條陳操巡急務以脩職業以靖江洋事
該捺江兼管巡江南京都察院右副都御史潘
題稱新江口戰船見在两班止用一百二十二隻餘船無軍領
駕置之無用欲於一百二十二隻之外添存二十八隻共湊
作一百五十隻外再欲將原船改造輕淺利便船五十隻共
定作二百隻萎管駕操其餘船隻俱要除革等因該本部看
得脩造戰船雖該本部職掌其應添應減事體例係兵部掌
行本部難以議擬復咨兵部議處去後今該前因通查案呈

到部臣 等看得南京兵部尚書劉 等議開操江都御史潘
所
奏裁革新江口戰巡等船事情與先年南京工部右侍郎何
所
奏大略相同但船料大小船隻名色各異操演取用之際亦各
有所宜必須斟酌應用多寡量為去留要將四百料戰座船
量留二隻二百料者量留三十八隻一百五十料者十二隻
一伯料者十六隻三板船十一隻划船十五隻浮橋船五隻
四百料巡座船一隻巡沙船五隻一顆印巡船十五隻哨船
三十隻共一百五十隻就將現在堪用者存留應造應脩者

照數補完其餘不堪應用船隻木料發回提舉司改造輕淺利便船務合式樣大小適中可以禦風可以容衆便於撐駕者五十隻共二百隻比與本官原

奏減數目相同及仍要遵照舊例脩造一節爲照前項船隻既經南京各官會同議處事體已爲允當相應依擬合候

命下本部一咨兵部轉行南京兵部將前項戰巡等船悉依原議大小名色照數存留并脩造二百隻其餘船隻盡行裁革一行南京工部查照舊例各依年限修造其該管官負務要嚴督造作如法不許板薄釘稀仍令領駕各軍小心愛惜若不及年限損壞者照例責令看守之人賠修還官如此則船非

庶設財無妄費江防不弛而警急有備矣緣係條條陳操巡急務以脩職業以靖江洋及奉

欽依該部知道事理未敢擅便本部尚書秦　等具題奉

聖旨是欽此欽遵

計開

四百料戰座船二隻

瀋陽右衛一隻　天策衛一隻

二百料戰船三十八隻

府軍衛一隻　水軍左衛二隻

府軍右衛二隻　神策衛一隻

瀋陽右衛一隻　豹韜衛二隻

瀋陽左衛一隻　鷹揚衛一隻

天策衛二隻　留守左衛一隻

興武衛一隻　金吾左衛一隻

留守中衛二隻　錦衣衛二隻

應天衛一隻　龍江右衛一隻

龍江左衛一隻　廣洋衛二隻

虎賁右衛一隻　龍虎衛三隻

江陰衛二隻　金吾後衛二隻

府軍左衛二隻　豹韜左衛一隻

留守右衛一隻　羽林右衛一隻

一百五十料戰船一十二隻

留守左衛一隻　水軍左衛一隻

水軍右衛一隻　虎賁左衛一隻

留守中衛一隻　府軍右衛一隻

留守前衛一隻　江陰衛一隻

留守右衛一隻　龍江右衛一隻

豹韜衛一隻　應天衛一隻

一百料戰船一十六隻

府軍右衛三隻　府軍左衛一隻

應天衛一隻　江陰衛一隻
金吾前衛一隻　鷹揚衛一隻
留守前衛一隻　豹韜衛一隻
羽林左衛一隻　天策衛二隻
龍虎衛二隻　横海衛一隻

三板船一十一隻

水軍左衛二隻　府軍右衛一隻
水軍右衛一隻　金吾前衛一隻
應天衛一隻　鎮南衛一隻
龍江左衛一隻　旗手衛一隻

龍虎衛一隻　虎賁左衛一隻

划船一十五隻

鎮南衛一隻　水軍左衛二隻

横海衛一隻　水軍右衛一隻

神策衛一隻　虎賁左衛一隻

龍虎左衛一隻　豹韜左衛一隻

興武衛一隻　金吾後衛一隻

江陰衛一隻　旗手衛一隻

龍江左衛二隻

四百料擺搭浮橋船五隻

留守中衛一隻　畱守前衛二隻
留守後衛一隻　留守右衛一隻
四百料巡座船一隻
廣洋衛領駕
二百料一顆印巡船一十五隻
羽林右衛一隻　金吾前衛一隻
府軍左衛一隻　錦衣衛一隻
龍虎衛一隻　留守前衛一隻
江陰衛一隻　畱守右衛一隻
留守左衛一隻　旗手衛二隻

羽林左衛一隻　府軍右衛一隻
鎮南衛一隻　水軍右衛一隻
二百料巡沙船五隻
留守中衛一隻　天策衛一隻
神策衛一隻　龍虎衛一隻
府軍右衛一隻
九江式哨船一十四隻
龍江右衛一隻　龍虎衛一隻
水軍左衛一隻　龍驤衛一隻
水軍右衛一隻　府軍右衛一隻

府軍後衛一隻　虎賁右衛一隻

旗手衛一隻　廣洋衛二隻

驍騎右衛一隻　應天衛一隻

武德衛一隻

安慶式哨船一十六隻

龍江右衛一隻　龍虎衛一隻

水軍右衛二隻　廣洋衛一隻

天策衛二隻　府軍左衛二隻

留守右衛二隻　錦衣衛一隻

橫海衛一隻　豹韜衛一隻

府軍右衛一隻　江陰衛一隻
龍虎左衛一隻

輕淺利便船五十隻

府軍衛二隻　留守左衛一隻
金吾左衛一隻　水軍右衛三隻
神策衛二隻　乕賁左衛三隻
驍騎右衛二隻　鎮南衛三隻
羽林左衛二隻　龍虎衛三隻
留守後衛三隻　武德衛三隻
瀋陽左衛二隻　留守右衛二隻

龍江右衛三隻　鷹揚衛二隻
豹韜衛二隻　錦衣衛一隻
廣洋衛一隻　虎賁右衛一隻
府軍右衛二隻　橫海衛一隻
應天後衛一隻　龍江左衛一隻
府軍後衛二隻　豹韜左衛一隻
龍虎左衛一隻　江口自造一隻樣船也
大勝關哨船二隻
卷查嘉靖十二年該關備申兵部轉行本部劄付提舉司照
哨船一式成造巡邏工料如例出給

本關弓軍領駕

一後湖金水河船數目例之四

工部條例凡後湖額設樓座船二隻平船一十隻該三年一小脩六年一大脩十年改造南京光祿寺掌醢署額有供應打魚船二隻在金水河採捕魚鮮該五年一修十年一造工料出辦與　黃船同

後湖樓船二隻

平船十隻

龍江提舉司匠丁三十七人充水手五日一撐送是役爲宦輕

金水河魚船二隻

光禄寺掌醢署廚役領駕

馬快船條例之五

會典洪武初置江淮濟川二衛馬快船及南京錦衣等衛風
快船以備水軍征進之用旣建北京遂專以運送

郊廟香幣

上供品物軍需器仗及聽候差遣俱屬南京兵部掌管

工部條例南京各衛快船額設七百八十八隻宣德十年奏
准物料每船以十分爲率官給六分軍餘自備四分中府委官於
造船廠督造弘治十年該南京兵部奏

准改造快船一隻南京工部給銀七十兩本部出草場地租銀二十兩本船釘板算銀十兩共一百兩本部委官督造正德十二年又該南京兵部

奏行會議原給銀一百兩不敷成造南京工部添銀二十兩兵部添銀一十兩其底船不許變賣存留改造匾淺船裝載蘆柴等用除去釘板銀十兩每船共銀一百二十兩每年成造六隻嘉靖元年又該南京兵部車駕司

奏議每船一隻兵工二部各加銀一十五兩與前一百二十兩共一百五十兩每年成造一十二隻行至嘉靖四年又該南京兵部議處船底為照每年改造快船小甲陪補不下百兩

而有用底船因仍丟棄誠為可惜今後快船聽差二三十年委果損壞還查明白即將釘板估計價值內除十兩資助本船打造工食餘價定作三分南京工部坐二分兵部坐一分於該給銀內各作扣除作數兵部覆議所賣底船必須會同南京工部差委該司經管官員眼同驗估責付本船小甲變賣不必拘定年限挨次成造仍咨該部會同南京工部議處

施行

又嘉靖八年南京兵部為會議重大事宜請

聖裁以裨脩省事具題

准議行內開一脩船費多會同南京户工二部查議得舊例成造

快船一隻該料價銀一百五十兩其底船臨期看估扣算但人得那移或生欺騙且官須會勘未免後時合無比照漕運底船事例每隻定作銀二十兩外給官銀一百三十兩今奉
欽依歲造四十隻除底船外每年共用官銀五千二百兩宜酌量各衙門錢糧廣狹以定分數合無以二千五百兩坐派南京户部於北新關商稅餘銀内支給以一千六百二十兩坐派南京工部於蘆課銀内支給以一千零八十兩坐派南京兵部於缺官及扣剩柴薪銀内支給其户工二部銀兩聽兵部每年於正月間支取過部以便應用間有遭遇風水漂流損壞底船難拘定數須是臨時估算不在二十兩之限所造船

隻合查比舊式稍從淺狹使易於撐駕牽挽奸人不得多攬裝載以緩行船甲不至陪添工料以受累且又便江防之用不失立名風快之初意其造船之時兵工二部各委主事一員督同該廠把總指揮等官照依時價收買船料立限成造務使官錢費有所歸船隻堅而可久

一裁革各船例之六

一海船

工部條例凡山東登州衛海船原設一百隻正統十三年減免八十二隻止造十八隻歲撥五隻裝運青登萊三府布花鈔錠一十二萬餘斤前去遼東賞軍餘船灣泊海濱以備海

先弘治十六年山東巡撫都御史
奏減四隻其十四隻今派湖廣江西各省四隻就彼成造浙江
福建各省三隻每隻觧銀五十兩赴部買料成造正德四年
爲遭風損壞官船事題
准不必打造今後各布政司每三年徵價解部三府布花准收折
色正德五年戶部奏
准仍復打造嘉靖三年本部尚書崔　議得海船之設本爲裝運
、布花防禦海寇今布花已收折色若資此以爲戰艦恐遇風
則奔馳莫止臨陣則重大難捷等因
奏行查覆奉

聖旨是海船工程依擬停止今後各布政司不許科派擾民欽此

一蜈蚣船

工部條例嘉靖四年爲脩武備以固畿甸事南京內外守備

衙門題

准鑄造佛朗機銃六副打造蜈蚣船一隻查係廣東按察使汪鋐

奏有佛朗機番船長十丈闊三丈兩旁駕櫓四十枝週圍置銃

三四管底尖面平不畏風浪人立之處用板捍蔽不畏矢石

每船三百人撑駕櫓多人衆無風可以疾走各銃舉發彈落

如雨所向無敵號曰蜈蚣船其銃用銅管鑄造大者千餘斤

者五百餘斤小者一百五十斤每銃一管用提銃四把以

鐵為之銃彈内用鉄外用鉛其火藥置法與中國異銃一舉發遠可百餘丈木石犯之皆碎自古銃之猛烈無出其右是年行取到廣東船匠梁亞洪等三名發仰提舉司先行料造蜈蚣船一隻長七丈五尺濶一丈六尺及南京兵仗局鑄佛朗機銃六副給發新江口官軍領駕操演

又嘉靖十三年為條陳操巡急務以脩職業以靖江洋事裁革見戰船下

一兩頭船

始創無查

工部條例嘉靖十三年裁革見戰船下

八世孫守義謹録

南船紀卷之二終

南船紀卷之三

吴江沈啓子由著　八世孫守義重鐫

一典司之一

南京工部都水司

郎中一員

註選主事一員

按周官川衡掌川澤之禁令而平其守皆下士為之至漢元鼎始置水衡都尉又置左右使者歷漢因革不常雒魏世主天下水軍舟船器械由晋而齊而梁而隋有以進賢兩冠與御史中丞同者有為大舟卿位視中書郎列御之末者有改監及少監並為令者唐為使而領舟楫河梁之署不屬將作郎宋置都水監判監事一人以員外以上充同判監一人以朝官以上充丞二簿一並以京朝官充掌內外河梁隄堰之事然猶自為監也

恭唯
本朝凡在兩直隸者悉屬之工部都水司郎中司其總其在外
河埽之治造船之役差主事一員
監之故龍江關有工部分司云
工部條例凡脩造戰巡等船先年本部劄委司屬官一員前
去龍江提舉司督造正德十三年會議題
准註選都水司主事一員往劄龍江提舉司督造
題名記環留都長江也天塹之也人固之江操耳戰船由設
也江爲通津警往來之暴有巡船焉由江而入臨都城曰龍
江十餘里今司署焉今都水司督造船事而駐劄於此也所
屬有提舉司有幫工廠造船之所也屬官提舉一員副提舉
一員典史一員正德年間裁減存提舉副提舉各一員今止

行提舉矣凡造船之料捴司之也計料有科人匠有科屬吏
各承行也人匠皆洪武永樂年間取江西福建湖廣浙江南
直隸邊江府縣熟於造船者挈家於提舉司隸籍聽役令知
藝者百無一二名外匠也幫工有軍指揮千百户各一員率
以趨之聽提舉司取撥於新江口之營也工竣皆隨船歸操
為今司唯督視其成若夫驗料正費謹作衛工亦不敢辭勞
也利之所在弊端毛舉匪明蔽宜匪公蔽仁匪毅蔽斷匪介
蔽惠徒法無威徒費濫功非也難易之間克任與否嫌疑非
所計無媿而已是職也成化以前文案灰燼二十三年本部
奉

欽依委官一員嚴督提舉司官吏匠作及南京中軍都督府差撥
官軍督造之責蓋重也往歳部委攝行廼事更代不常
右侍郎新泰崔公請於
廷添註主事一員帯俸南京工部都水司比洪閘例專任三年
滿日起送吏部改選督造之責始專也予始承乏人曰南京
之清秩也抵任諸寮曰吾部之仙官也予以為然可免俗累
矣按其事舛舛然略無統紀旣而視船於營弊殆甚焉予心
不遑寧也夫以保障重寄乃兎戲如此也哉江南窮民膏血
取集於船必視為官物焉仁者不為也歸其究其在我者一
經理之料惟真用惟當工雖精弊者滌廢者復斯工速用

舒船皆經久圖也任歸於管吾未如之何矣
右侍郎懷慶何公轉
聞命下檄予會同兵部職方兵科按季點閘故壞船者陪且罪吁
持以斷水能如之何然愈於不為也漸可致警工作庶乎少
息民徵可疏緩急可有備矣不自反者乃我咎焉惑也所惜
者交承不面事與俱往来者之容心未必不猶我之初来也
茲用石端疏今司專任者姓諱附籍任年月於其上来者如
次而具則專任今司者自是秩然於目矣雖然人之賢否職
之舉墜觀之者得以指其名而臧否之予不能無罪也僭及
膚安非敢為衙且佞濈云耳唯同志君子矜恕焉幸也嘉靖

八年歲次己丑十有一月吉旦

賜進士第承德郎南京工部主事建德方鵬撰

一典司之二

提舉司

提舉一員

副提舉一員

按提舉司即漢舟檝署也官制云水衡都尉屬官有檝櫂令丞晉水衡則曰船曺吏齊職儀則曰官船典軍後周則曰舟工中士隋則曰舟檝署令唐因之宋因之令掌公私舟船及運漕之事丞為之貳元豊中詔都水外監提舉汴河提舉有司疑始於此今直隷之為司者曰衛河曰清江其領漕船之職猶故也惟龍江者專掌黄船戰船及風快海運等船之政令是故凡工之將興也經始署事鳩工度材及其興也稽其工敘協其法式禁其奇

衰又其既也比其功而秩其稍食幾其貨而陳其會要出其船而詔其器數上之部司以聽部司者之考法爲

又以朔望之期也聽中軍都督府之治也如之

司吏二名一人匠科　一計料科

四廂匠籍凡二百四十伍户

廂長四十名擧匠頭之有身家者爲之

船作頭一十五名船木作四名　艙作四名　索作二名　篷作二名　鉄作一名　纜作一名　紬木作一名

内官監匠三十八名

御馬監匠四名粘馬槽

丁字庫匠三名管魚油

酒醋麪局匠三名

寶船廠匠二名　後湖水夫三十七名

地產冊凡地土共三千六百一十二畝八分二厘九毫七絲九忽三微二圭

桐油六千一百二十五斤十一兩五錢原額五千八百二斤五錢嘉靖年增

黃麻一萬二千三百六十一觔原額一萬一千二百四十九斤七兩嘉靖年增

工部條例龍江提舉司幷瓦屑壩廠田地塘埂佃户佃種遞年出納油麻提舉司徵收貯庫聽候脩造黃戰等船會用嘉靖五年據佃户王儀等狀告某等欺隱田租本部委官踏勘查出二處田地塘埂共三千三百六十畝九分二釐二毫九絲六忽五微二圭先將欺隱地租追補以後照例辦納

卷查嘉靖　年又告佃田地塘埂二百六十一畝一分三
厘二毫五絲
稻田每畝桐油二斤黃麻四斤共田二千六百五十九畝四分一厘
一毫一絲三忽麻一萬六百三十五斤一十一兩四錢油五千三百一十七斤一十一兩七錢・
麥地每畝桐油一斤黃麻二斤八兩共地五百一十三畝四釐六毫四
絲一忽一微麻一千二百八十七斤四兩一錢八分油五百一十三斤一十兩八錢九分二厘　桐
藕水塘溝每畝桐油一斤黃麻一斤共二百九十一畝四分四釐四
毫一忽七微二圭麻二百九十二斤二兩九錢二分八厘油二百九十二斤三兩四錢二分八厘
菜地基地墳地荒地柳埂每畝黃麻一斤共一百四十八
畝九分二厘八毫一絲七忽五微麻一百四十八斤一十兩油壹斤十四兩

八世孫守義謹録

南船紀卷之三終

南船紀卷之四

吴江沈啓子由著　八世孫守義重鐫

一造船例

卷查各様船隻據各該衙門於該脩該造年分移文本部發付都水司本司掌印郎中稟堂一劄付督造主事一劄付龍江提舉司相驗督造主事將原立稽考隔眼薄籍查對年限果及帯領官吏匠作人等看果損壞或修或造備由着落提舉司回申本部本部又劄都水司會同覆勘是的呈堂本司仍行兩關會驗木料兩關抽分有者謂之會有抽分無者謂之會無回呈到堂本部以其應修者復劄督造主事并提舉

司将會有者支用将會無者買辦脩理完日附簿蔎各收領
其應造者具
題待
旨工部咨行本部脩𠟠督造并該司改造凡改造者舊料三分新
料七分其闕支買辦與脩理同
工部條例弘治十六年本部因料價不敷題
准将改造戰巡等船會無物料分派直隸蘇松等十二府廣和二
州徵解應用其匠作工食係脩理者本司隨宜斟定係改造
者照後開原定椅例於雇工班匠銀內支給
又折船出釘篐桶等匠例該提舉司移文浙江口取討在營

下班軍役不支工食若夫

黄船仍在本部雇匠拆造

預備　黄船二千五百五十八工五分該銀七十六兩七錢八分五釐

船木作七百八十工　鋸匠二百二十五工

鉄作一百三十工　上鉄作二十七工五分

蓬作九十一工五分　索作七十四工

纜作二十九工五分　裝脩作三百一十工

鋸作七十四工係裝脩作鋸板用

雕鑾作五十八工　艌作三百工

撕麻舂灰扯鑽共四十三工五分

油漆作一百三十三工　五墨作三十二工五分

裝鑾作八工　鼓作六工

抹金作四工　纓作二工五分

雙線作二工　蜊殼作二十三工五分

擺錫作一工五分　絛作四工

穿椅作六工　裁縫作九工五分
染作一百三工　竹作二十工五分
桶作一十二工五分　上索作一工五分
銅作二十一工五分　鑄作五工
旗作六工　旋作五工
響銅作十四工

南京大黄船一千二十二工該銀三十兩六錢六分

船木作三百五十工　鋸作一百二十工
扯鑽擡板二十五工　艌作一百一十五工
撕麻舂灰二十工　鉄作打釘四十五工
鎚釘七工　裝脩作一百四十五工
鋸匠二十五工　雕鑾作一十三工
蓬作三十五工　索作三十工
纜作十四工　油漆作一十八工
五墨作六工　竹作二十工
蜊殼作七工　染作十二工
旗作六工　纓作一工
隻線作一工　銅作二工
旋作二工　粧鑾作二工

擺錫作一工

南京小　黃船九百三十四工該銀二十八兩二分圖淺船同

船木作二百九十八工　鋸匠一百三十工

艙作一百一十五工　蓬作三十五工

索作三十二工　鉄作打釘

鎚釘七工　纜作十六工

裝修作一百六十工　鋸匠五十工

雕鑾作三十工　油漆作三十二工

五墨作八工　裝鑾作二工

旗作三工　染作四工

纓作一工　篗線作一工

旋作二工　蜊殼作七工

擺錫作一工

四百料戰座船二千四百八十七工一分該銀七十四两六錢一分

船木作八百五十工　鋸匠二百五十工
鉄作一百九十五工五分如買釘此項革
艌作三百四十三工六分
索作六十二工五分　蓬作八十九工
纜作一十八工五分　裝脩作三百六十四工
五墨作三十工　雕鑾作七十九工
蜊殼作四十七工　油漆作六十六工五分
旗作九工五分　篗線作六工
纓作二工　旋作五工
擺錫作三工　鼓作五工
染作四工　上鉄作一十七工
裝脩鋸匠四十工

二百料戰船一千工該銀三十兩

船木作三百十工　鋸匠一百十工
鉄作七十工如買釘此項應革
艌作一百三十四工　蓬作五十五工
索作三十三工　纜作七工
裝修作一百五十工　裝脩鋸匠六十五工
油漆作十工　五墨作一十一工

染作二十五工　旗作十工
旋作三工　雙線作一工
纓作一工　鼓作三工
蜊殼作三工

一百五十料戰船七百五十一工該銀二十二兩五錢三
分

船木作二百七十工　鋸匠一百一十工
鉄作四十八工如買釘此項革
艙作一百工　蓬作二十九工
纜作七工　索作二十一工
裝脩作八十工　裝脩鋸匠四十工
油漆作十一工　五墨作九工
染作十五工　旗作二工五分
旋作一工　雙線作一工五分
纓作一工　鼓作三工
蜊殼作二工

一百料戰船四百九十工該銀一十四兩七錢

船木作一百四十九工　鋸匠一百工
鉄作四十二工如買釘此項革
艙作五十七工　蓬作二十六工
索作二十一工　纜作四工
裝脩作弁鋸匠七十一工　五墨作四工
油漆作五工　旗作二工
染作三工　纓作一工
旋作一工
隻綫作一工
蜊殼作三工

三板船二百五十六工六分七釐該銀七兩七錢

船木作八十工　鋸作四十八工
鉄作三十三工六分七厘如買釘此項革
艙作三十二工　蓬作二十五工
纜作五工　索作二十一工
油漆作三工　五墨作三工
染作二工　旗作二工
旋作一工　隻線作五分
纓作五工

刬船二百四十六工六分七釐該銀七兩四錢

船木作六十五工　鋸匠作五十二工

艙作三十二工　蓬作二十五工

鉄作三十三工六分七釐如買釘此項單

纜作五工　索作二十一工

染作三工　旗作二工

旋作一工　油漆作三工

五墨作三工　篗線作五分

纓作五分

四百料擺搭浮橋船六百六十六工六分七釐該銀三十兩

船木作三百四十工　鋸匠作一百四十工

鉄作五十九工六分七厘如買釘此項單

艙作一百五工五分　索作六工五分

纜作八工　油漆作四工

五墨作三工

四百料巡座船一千四百工該銀四十二兩

船木作四百一十六工　鋸匠二百工

鉄作一百十九工如買釘此項革

艙作一百九十四　索作三十五工

蓬作五十工　纜作十工

裝修作二百四工　裝脩鋸匠三十三工

雕鑾作四十四工　五墨作十七工

油漆作三十八工　蜊殼作二十六工

雙線作四工　纓作一工

旗作八工　旋作三工

鼓作三工　染作四工

擺錫作一工

二百料一顆印巡船七百一十六工六分七釐該銀二十一兩五錢

船木作二百九十八工　鋸匠一百工

鉄作七十工三分七厘如買釘此項革

艙作九十六工　蓬作三十五工
索作三十三工八分　纜作六工
裝備作并鋸匠六十三工
染作一工五分　五墨作三工
旋作一工　旗作一工
油漆作五工　纓作一工五分
篗線作一工五分

二百料巡沙船八百七十工該銀二十六兩七錢

船木作三百二十工　鋸匠一百二十工
鐵作八十三工五分如買釘此項革
艙作一百十工　蓬作五十二工
索作三十四工五分　纜作六工
裝修作一百十八工　油漆作九工
五墨作九工　染作一工五分
旗作一工五分　旋作一工五分
纓作五分　篗綫作一工
蜊殼作二工

九江安慶大勝關哨船二百五十二工該銀七兩五錢六分

船木作九十工　裝修作七工
鋸匠作六十五工　鈇作鎗釘六工
艌作四十五工　蓬作十工
索作十二工　纜作五工
油漆作三工五分　染作二工
五墨作二工五分　隻線作一工
纓作一工　旗作一工五分
旋作五分

輕淺利便船八百七十六工該銀二十六兩二錢八分

船木作二百九十二工二分三釐
鋸匠作一百三十六工三分八釐
裝修作一百四十一工二分七釐五毫
裝修鋸匠六十二工　艌作一百四十一工
索作二十九工　鈇作十四工
五墨作十工七分　油漆作九工七分

蓬作二十九二　旗作三工
纓作五分　旋作二工
僂線作五分　鼓作三工

後湖樓船五百九十九工該銀一十七兩九錢七分

船木作一百八十七工　鋸匠七十五工
鉄作三十工　艙作六十八工
裝脩作一百五十工　裝修鋸匠二十七工
蓬作十九工　索作十六工
油漆作二十二工　五墨作五工

二號樓船四百二十一工該銀一十二兩六錢三分

船木作一百七十工　鋸匠六十五工
鉄作二十一工　艙作六十五工
蓬作十八工　索作十四工
油漆作十一工　裝脩作并鋸匠五十七工

平船一百六十工該銀四兩八錢

船木作六十工　鋸匠四拾八工
索作五工　艌作三十六工
撕麻舂灰四工
蓬作七工

金水河船本船先年成造如例近年以來以其至小至輕每打魚時取渡船代用

二收船之例

凡應脩造船隻各該官軍駕送到龍江提舉司河下灣泊督造主事奉劄篤同該司官吏與原來官軍備將點單稽查船身板片浮動什物無缺即為收納以待駕軍拆卸脩造完日仍付領駕回營

一收預備船由北京工部題准咨本部及差官軍駕送到司驗收

一收南京大小　黄船由南京中軍都督府照會本部令原駕旗甲將船送提舉司河下交割如前例近因各軍到司不法俱改泊　黄船廠河下塲内自行看守應脩者估工給料撥匠脩理應造者估給木料七分舊船准作三分聽其脩領遣匠與造不復點單查對彼此稱便

一收新江口戰巡等船由操江都察院衙門咨本部差原駕官軍送至提舉司河下點檢板木什物果全方給批回近因本船係操軍看守不加愛惜未及年分或沈溺他處或飄泊無存是以每有呈部行委本司相驗板片齊備什物週全方令該營自行拆卸運送到司交割仍

将原造本船文卷點對查明少者陪補

一後湖船由户科手本船泊於彼遣官詣湖估計發料詣

湖脩造雖云三七相㕘蓋湖禁有入無出唯工訖告完

云

三收料之例

凡脩造等船該用楠杉等料兩關會有者都水司先發其船

應用某號木植數目到局知會本局待提舉司照數差匠到

彼查同本關抽分主事差人送發批回為驗會無者俱督造

主事拘招鋪户商人照數買辦丈量秤驗明白發付提舉司

收貯以待匠作支用其鋪商隨各具到狀三紙告標開註約

過數目一存照一封送都水司查明印記一簽提舉司出給
印信實收申部都水司案呈移付屯田司估價於蘆課銀內
支鋪商親自赴庫關領
工部條例嘉靖七年咨送到
黃船五隻內三隻該脩艌者係是楠木內二隻該改造者係是
川杉等木本部差官賫價四路收買絕無川杉本植題奉
聖旨這船隻既期限緊急准暫用楠木改造欽此
卷查嘉靖二十年正月為立定規祛宿弊以便稽考事該本
部都水司案呈奉本部營繕司主事沈　呈奉劄相勘各船
或造或脩如法料計內惟會有木植原該都水司劄令兩局

關支向来文移止令大木次木中木根數字樣並無圍員長短丈尺領者發者但憑見數關支節該領到楠木中間心空皮爛者有之灣曲尾小者有之匠作稱説俱係該局委官給發原抽木料切照兩關與提舉司地方相離一十餘里彼此授受原無印烙記號又無丈尺圍圓其數里之間木商輻輳匠作通同以小易大何從稽考況原料丈尺有限若料大而用小不無破費之欺若料小而用大難免包補之累及查黃船小甲所領每盈所估之數戰船所領多係不堪之材該局官吏難逃輕重之弊似此議得欲凡會查木料之時都水司行令該局就將根數圍圓長短丈尺覈實編號開報到司本

司照數筭派某船某號等木若干脩行委官并提舉司對驗
號尺相同堪用者印烙明白方許支出運赴船廠驗實鋸用
等因到部送司查得各卷造修船隻會有木料俱將勘定原
料圍長數目行該抽分衙門查會文移止有舊管新收大次
中小號數案呈劄付虞衡司起勘合關支該局原無圍長尺
寸今奉前因似亦相應立為定規案呈到部擬合通行為此
劄付本部各委官并龍江瓦屑二局龍江提舉司查照施行

一木料

楠木　松木　川杉木採買如無題改楠木

杉木　杉木桅心　杉槁

杉木連二枋鋪商無販亦折楠木　杉木連三枋

榆木舵桿用　檀木桅餅等項用　白楊木同上　樟木

雜木　栗木槳把用

二竹貨料

猫竹　筀竹　水竹　苦竹龍笛用

篛　蘆　黃藤　棕毛濕者折筭

蘆蓆

三蔴料

黃麻本司地租項下支用如無買辦　白麻

四油料

桐油本司地租項下支用口無買辦　猪油鼓用　香油漆用

魚油取九庫內造海船用之

五灰炭料

石灰　木炭　煤　稍皮鑄作用

麥穩同上　木柴　攙缸灰染作用　瓦灰漆作用

六五金料

鉄釘大中小　鉄事件　鉄錨　鉄鍋

鉄灶　金箔　銅響銅黄熟銅紅熟銅

花錫　硼砂

七皮毛料

生血水牛皮　生挣水牛皮

紅真皮　紅鹿皮　漿皮條　茜紅火把纓

黑纓頭

八絲布料

黄熟官絹　黄生官絹　白綿布　苧布漆作用

白綿同上　青綿紗穿椅用　青絲線　黄絲線

大紅轂線　綠絲綫　生絲左綫　大紅絨

白麻線

九漆染西料

生漆　熟漆　點漆　白麪

光粉　水花硃　銀硃　二硃
畨硃　紅土　蘇木　黄丹
藤黄　石黄　槐花　密陀僧
合碌　三碌　枝條碌　銅青
靛花青　墨煤　靛青　水膠
土子　猪胰　明礬

四餘料之例

凡龍江提舉司收貯各船舊板堪用者每船作三分支用其外朽爛木楂完頭督造官呈部委官變賣解部作正支銷內有堪用者存留附卷會用

一改造大黃船一隻木楂完頭銀五錢
一改造小黃船一隻木楂完頭銀四錢一分
一修理大小黃船一隻木楂完頭銀二錢一分
一戰巡等船俱拆卸本司幇工廠擇其堪用者存留其不堪者變賣無定數
一後湖船無變賣
一鉄釘每船拆十亦作正料三分更有餘不堪用者存留以待會用無定用例

五稽考之例

工部條例嘉靖七年為議重大事宜請
聖裁以裨脩省事南京禮部等衙門條陳内一嚴點閘減脩造以紓財用據督造船隻主事方鵬呈稱本職督造新江口戰巡等船四百隻每船一隻成造費銀二百餘兩脩理亦不下五十餘兩例应五年一脩十年一造動費料銀數萬兩切見船

之所以速〻肯造者其弊在於將駕官軍視為官物不加愛惜及將隨船什物私相借貸以致易壞故耳合無比照先年

題

准正陽門等查點軍器事例本部委官時臨泊船處所點閘及將前船十隻編作一幫每日輪流一軍看守等因該工部覆看得前項處置甚切時弊相應依擬但事干兵務恐非工屬一官所宜獨任又一月二次點閘不無煩瑣合無添差兵部委官一員公同兵科給事中一員每遇季終會同點閘如有官軍不行愛惜拋棄磕損及將隨船什物私相借貸輕則責令賠償重則公同參究提問其編幫輪守之規亦依所擬施行

仍每季終取具管船官軍不致遺失損壞結狀查較如此則

法令旣嚴而戰具常完脩造有節矣奉

聖旨是依擬行欽此

八世孫守義謹録

江寧黄子俊刋船李咸懷　吴省南張廷猷刻字

南船紀卷之四

南京工部營繕清吏司主事沈啓

呈為昭法制定工料以杜弊端事本職註選脩倉除奉

本部劄委遵依外嘉靖十八年八月二十六日因本部都水

司監督龍江提舉司造船主事員缺蒙劄署掌當蒙

陞任尚書周

陞任侍郎胡　面命興剔以凈宿弊本職深慙庸劣日切兢

皇日討月求銖研寸究照得一船經始即加校讐案牘之繁

每器致詳未得提挈綱維之要乃卷有新舊料或隨時而重

輕官有更遷人或乘機而出入一失考詳之實難免破冒之

尤似此續蒙

陞任尚書李　特命本職通將各船工料數目畫圖造冊以便檢閱外然於因革之制典司之體尚未之詳鍼艫弁載於兹檢閱無纖不悉驗知小脩大造工輒經年匠直料資給無虛日匠班蘆課雖田夫杍婦之膏既窮包作攬頭肆市虎道狼之心未厭該司當局自保平施之公而矮人旁觀又致保奸之誚雖與事爲摘發難術中法外之無遺不若定其章程庶植本澄源之有益因將舊冊附以新編先之制器而繪其圖形次則掄材而比其貨賄因革備載當時之典增損遠徵前代之文若饟食之微羨餘之末繼始之例稽工之程類令其門條疏其義輯略頗成編次可否未知取裁況其閘船隻

或制異而料同或制同而料異稽查無証更单未能合用上
呈酌為定式如蒙乞發都水司郎中薛編細致稽詳務使各
船之制大小有倫而不紊屯田司郎中周大禮通為覈實要
見諸貨之直綱紀有總而畢張仍令會同司務各司官周埜
曹嗣榮等博加詳議訂正成編本職自捐俸資鏤成一帙存
留本部用待稽疑則為船二十有四不待臨江點閱而展卷
可知用料十百至千無容翻卷勘磨而舉目皆在經制畫一
百工允釐庶
洪私仰荅而不失專委責成之意也緣係昭法制定工料以
杜弊端事本職未敢擅便似此通將船紀二本録呈伏乞

照詳施行須至呈者

右　　呈

本　　部

嘉靖二十年　月　　日主事沈啓

南京工部尚書宋　　批查行

南京工、部都水清吏司為昭法制定工料以杜弊端事准本部司務廳司務周　并營繕等四司手本准本司手本送該本部營繕清吏司主事沈　呈送船紀二本到職會同查議定制工料停當相應擬行等因准此案照先為前事已經

稟

堂行謄去後今准前因擬合通行爲此合用手本前去本部營

繕清吏司主事沈　處煩爲查照施行須至手本者

嘉靖二十年五月　　日署司事屯田司主事舒纓